HERBERT SCHAMBECK

Grundrechte und Sozialordnung

Schriften zum Öffentlichen Recht

Band 88

Grundrechte und Sozialordnung

Gedanken zur Europäischen Sozialcharta

Von

Prof. Dr. Herbert Schambeck

DUNCKER & HUMBLOT / BERLIN

Erweiterte Innsbrucker Antrittsvorlesung

Dem Gedenken

an

Hans Carl Nipperdey

Inhaltsverzeichnis

Einleitung

Ausdruck des menschlichen Wesens ist seine Teilnahme am Lebensgeschehen. Diese äußert sich vor allem dadurch, daß der Einzelne Bedürfnisse empfindet und Interessen äußert, wodurch er veranlaßt wird, sich mit seinem Nächsten auseinanderzusetzen. Der Mensch ist seinem Wesen nach Mit-Mensch. Schon Martin Buber schreibt: „Die Haltung des Menschen ist zwiefältig nach der Zwiefalt der Grundworte, die er sprechen kann. Die Grundworte sind nicht Einzelworte, sondern Wortpaare. Das eine Grundwort ist das Wortpaar Ich — Du"[1]. Das ist nur eines von vielen Wortpaaren, die aber alle das Eine gemeinsam haben, daß sie aus dem Wesen des Menschen heraus gesprochen werden, das seine Erfüllung in der Beziehung zum Nächsten findet. Der Nächste tritt dem Einzelnen in der Gemeinschaft entgegen, auf deren Erlebnis der Einzelne angelegt ist. Als ein solch gemeinschaftsbezogenes Wesen hat Aristoteles[2] den Menschen als ein zoon politikon und Klemens von Alexandrien[3] und Origines[4] als ein Koinonikos bezeichnet[5]. Gregor von Nyssa[6] und Gregor von Nazianz[7] erklärten, daß die Menschen eine natürliche Gemeinschaft bilden. Sie alle scheinen erkannt zu haben, daß der Mensch mit seinen Mitmenschen eine Beziehung eingehen muß, um seinem Wesen ganz zu entsprechen. Buber erklärte auch, daß „das Du-sagen des Ich im Ursprung alles einzelnen Menschwerdens steht"[8]. Sieht man den Menschen so als ein auf die Gemeinschaft bezogenes, das heißt also *soziales Wesen*, dann ist jedes Menschen Rede nicht allein Wort, sondern auch Antwort; dann gilt es nicht allein zu sprechen, sondern auch zu vernehmen; dann darf man nicht nur empfangen, sondern muß auch geben.

Die Stellung des Menschen in der Gemeinschaft findet ihre erste und letzte Begründung in dieser im Wesen aller Menschen angelegten

---

[1] Martin *Buber*, Die Schriften über das dialogische Prinzip, Heidelberg 1954, S. 7.

[2] *Aristoteles*, Politik I, 2, 1253 a.

[3] *Klemens von Alexandrien*, Stromata 1, 6, 34.

[4] *Origines*, Contra Celsum 7, 59.

[5] So auch *Lactantius*, Div. Inst. VI, 10 und *Basilius*, Kommentar zum Hexaemeron der Genesis VII, 4.

[6] *Gregor von Nyssa*, De pauperum amore oratio 1 u. 2.

[7] *Gregor von Nazianz*, oratio de fuga 2, 4.

[8] *Buber*, a.a.O., S. 287.

Aufeinanderbezogenheit, in der der Einzelne seine Seinserfüllung[9] finden kann. Sie macht den Sinn jeder Gemeinschaft aus, von dem Romano Guardini schreibt: „Darin bewegt ein Ich sich auf das andere zu. Es blickt von sich weg, auf das andere hin. Es trägt sich jenem entgegen; öffnet sich ihm. So kann jenes, wenn es die Bewegung erwidert, im Hinkommen dieses sich öffnende Ich mitvollziehen und darin bestehen — und wird eben darin offen für das erste, und macht ihm den verstehenden Mitvollzug möglich"[10]. Je mehr die einzelnen Menschen einander in der Gemeinschaft erleben, desto mannigfaltiger werden ihre Anliegen und ihr Ordnungsstreben[11], das auf einen Ausgleich ihrer Interessen gerichtet ist, der über die Gemeinschaft mit dem Nächsten in der Gesellschaft gesucht wird. Diese über das Maß der zwischenmenschlichen Bedürfnisse hinausreichenden Anliegen sind jene Interessen, die das Leben der Gesellschaft gestalten. So hat schon Lorenz von Stein erkannt, „daß alle Bewegungen der Gesellschaft notwendig durch das Interesse beherrscht werden"[12]. Diesen Interessen eignet — entsprechend den sich wandelnden Bedürfnissen und Wünschen des Einzelnen — ein dynamischer Charakter, der es schwer möglich macht, ihr Auftreten vorherzusagen und ihren Bestand zu garantieren; da diese Interessen vorwiegend auf die Lebensbedürfnisse des Einzelnen abgestellt sind, lassen sie sich auch nur sehr schwer institutionalisieren. Darin liegt der Unterschied zu dem mehr auf Dauer angelegten Recht, das in Institutionen um seine Wirksamkeit ringt. Anders die Interessen, die ihrer dynamischen Natur nach die mehr statische Institutionalisierung nicht ertragen, sondern nach Repräsentation verlangen. Daher treffen wir neben den *Institutionen des Rechtes* die *Repräsentation der Interessen* an.

Der Mensch nimmt nämlich durch die Mannigfaltigkeit des menschlichen Lebenssinnes an einer Vielzahl von Gemeinschaften teil. Die umfassendste Gemeinschaft ist der dem Einzelnen und der Gesellschaft übergeordnete Herrschaftsverband Staat, der im Recht seinen Ausdruck findet. Die Formen der Institutionalisierung des Rechtes sind verschieden; man denke nur an die vielen Rechtssatzformen, die vom Verfas-

---

[9] Siehe dazu auch Karl *Jaspers*, Philosophie II, Berlin-Göttingen-Heidelberg 1956 S. 81: „Wie Kommunikation das Selbstwerden mit dem anderen ist, ist ihr Abbruch die ursprüngliche Gefährdung der versagenden Existenz."

[10] Romano *Guardini*, Vom Sinn der Gemeinschaft, Graz 1952, S. 43 f.

[11] Vgl. Herbert *Schambeck*, Der Mensch in der Politik, Wissenschaft und Weltbild 1961, S. 1 ff. und S. 105 ff., sowie *derselbe*, Politik und Weltanschauung, Wissenschaft und Weltbild 1968, S. 40 ff.

[12] *Lorenz von Stein*, Geschichte der sozialen Bewegungen in Frankreich von 1789 bis auf unsere Tage, hgb. von Gottfried Salomon, München 1921, 1. Bd., S. 137. Siehe dazu auch Joseph H. *Kaiser*, Die Repräsentation organisierter Interessen, Berlin 1956, S. 338 ff., bes. die in Anmerkung 4 angegebene Literatur, sowie Jacobus *Wössner*, Die ordnungspolitische Bedeutung des Verbandswesens, Tübingen 1961, S. 68 ff.

sungsgesetz bis zum individuellen Vollstreckungsakt reichen. Sie sind mit ihrer Rechtskraft auf die Sicherung der Dauerhaftigkeit gerichtet. Anders die Repräsentationen der Interessen; sie suchen sich den wechselnden Situationen des Lebens anzupassen und den dadurch entstandenen Anliegen zu entsprechen. Während das Recht auf Sicherheit abgestellt ist, streben die Interessen nach einem Ausgleich.

Die Repräsentation der Interessen verlangt nach ihrer Organisierbarkeit, diese ist aber wieder nur möglich, wenn die Interessen in einer bestimmten Mehrzahl vorhanden sind oder ein Einzelinteresse von weitreichender Bedeutung vorliegt. „Interessen sind in dem Maße organisierbar, in dem sie quantitative Verbreitung und qualitative Tiefe besitzen"[13], sie werden daher einmal mehr und ein andermal weniger Möglichkeiten ihrer Repräsentation in Organisationen bieten. Die Repräsentanten der organisierten Interessen sind die Verbände[14], deren Rechtsformen — ob als juristische Personen des öffentlichen oder privaten Rechts — von der Verfassung des Staates bestimmt werden.

Die *Verfassung des Staates* ist „die gemeinsame Vorbedingung und Grundlage für alle Staatstätigkeit"[15] und erweist sich so als die Erzeugungsregel für das positive Recht eines Staates, die meist ihre Entsprechung in der Stufenfolge von Gesetz-Verordnung-Verfügung und Entscheidung erfährt[16].

Aufgabe der Verfassung ist es, die für die Ausübung der Staatsgewalt leitenden Grundsätze anzugeben und das Verhältnis des Einzelnen zum Staat zu bestimmen[17]. Der ersten Aufgabe kommen die Verfassungen durch Bestimmungen über die Gesetzgebung, Gerichtsbarkeit und Verwaltung sowie über die Organisation der obersten Staatsorgane nach, dem zweitgenannten Aufgabenkreis suchen sie durch Grundrechte

---

[13] Raymund *Krisam*, Die Beteiligung der Arbeitnehmer an der öffentlichen Gewalt, Leiden 1963, S. 9.

[14] Über die Verbände beachte aus dem umfangreichen Schrifttum dazu insbesondere *Kaiser*, a.a.O.; *Wössner*, a.a.O.; Wirtschaft und Recht, 14. Jg. 1962, Heft 3: Die Integration der Verbände in Staat und Gesellschaft; Die Verbände und ihr Ordnungsanspruch, Gesellschaft und Politik, Schriftenreihe des Institutes für Sozialpolitik und Sozialreform N. F. Nr. 3, Wien 1965, sowie Veröffentlichungen der Vereinigung der Deutschen Staatsrechtslehrer, Heft 24, Berlin 1966 und die dort angegebene Literatur.

[15] Adolf *Merkl*, Allgemeines Verwaltungsrecht, Wien und Berlin 1927, S. 19.

[16] Über die Lehre vom Stufenbau der Rechtsordnung siehe Adolf *Merkl* Das Recht im Lichte seiner Anwendung, Deutsche Richterzeitung 1918 S. 56 ff.; *derselbe*, Die Lehre von der Rechtskraft, Wien 1923; *derselbe*, Allgemeines Verwaltungsrecht, Wien 1927, insb. S. 157 ff.; *derselbe*, Prolegomena einer Theorie des restlichen Stufenbaues, in Gesellschaft, Staat und Recht, Festschrift für Hans Kelsen, Wien 1931, S. 252 ff.

[17] Vgl. Georg *Jellinek*, Allgemeine Staatslehre, 3. Auflage, 7. Neudruck, Bad Homburg 1960, S. 505.

zu entsprechen. In beiden Fällen sucht die Verfassung als Grundordnung des Staates dem sozialen Leben Richtung und Weg zu weisen.

Dies wird sie aber nur dann erfolgreich tun können, wenn es ihr gelingt, die sozialen Strukturen[18] zu erfassen und so wirksam zu werden; denn eine Rechtsnorm wird „als objektiv gültig nur angesehen, wenn das menschliche Verhalten, das sie regelt, ihr tatsächlich, wenigstens bis zu einem gewissen Grade, entspricht. Eine Norm, die nirgends und niemals angewendet und befolgt wird, das heißt, eine Norm, die — wie man zu sagen pflegt — nicht bis zu einem gewissen Grade wirksam ist, wird nicht als gültige Rechtsnorm angesehen. Ein Minimum an sogenannter Wirksamkeit ist eine Bedingung ihrer Geltung"[19]. Was Hans Kelsen allgemein für jede Rechtsnorm über die Bedeutung der Wirksamkeit für die Geltung festgestellt hat, gilt für die Rechtsnormen der Verfassung im besonderen. Eine Verfassung muß, um als Fundamentalnorm eines Staates wirksam sein zu können, auf die kulturellen, sozialen und wirtschaftlichen Gegebenheiten in dieser Gesellschaft angewendet werden können, denn die Verfassung ist „als sinn- und damit zugleich auch rechtserfüllte Wirklichkeit zu begreifen"[20]. Das soll aber nicht heißen, daß sich die Verfassung mit den jeweiligen sich ändernden politischen Zielsetzungen zu wandeln hätte. Eine Verfassung, die zum Spielball der politischen Kräfte eines Staates wird, kann ihre Aufgabe nicht erfüllen. Aufgabe der Verfassung ist es nämlich, die Rechtssicherheit im Staat dadurch zu begründen, daß sie die vorhandenen politischen Kräfte und deren Zielsetzungen in ein möglichst dauerhaftes Gleichgewichtsverhältnis bringt und alles obrigkeitliche Handeln des Staates nach allgemein anerkannten Grundsätzen vorhersehbar und berechenbar werden läßt. Wo dies aber nicht der Fall ist und die Verfassung den jeweiligen tagespolitischen Zielen zur Disposition gestellt wird, hätte dies zur Folge, daß das Rechtsleben relativistische Züge annimmt und im letzten zu anarchistischen Konsequenzen führt, die die Erfüllung der Integrationsaufgabe, den Hauptzweck jeder Verfassung, verhindern. Es gilt stets, einen Mittelweg für die Schöpfung und Ausführung einer Verfassung zu finden, damit nicht die Verfassung zugunsten der wechselnden politischen Wirklichkeit geformt und die politische Wirklichkeit durch die Verfassung nicht erstarrt. Gerhard Leibholz hat es ausgesprochen: „Die Aufgabe eines Verfassungsjuristen muß es sein, das Normensystem und die Verfassungswirklichkeit im Bereiche der Verfassung einander so zuzuord-

---

[18] Beachte Dietrich *Schindler*, Verfassungsrecht und soziale Struktur, 4. Aufl., Zürich 1967.

[19] Hans *Kelsen*, Reine Rechtslehre, 2. bearbeitete und erweiterte Auflage, Wien 1960, S. 10.

[20] Gerhard *Leibholz*, Strukturprobleme der modernen Demokratie, 3. erweiterte Auflage, Karlsruhe 1967, S. 278.

nen, daß die zwischen Verfassungsnorm und Verfassungswirklichkeit bestehende, dialektische Spannung in concreto soweit wie möglich durch eine schöpferische Auslegung der Verfassung aufgehoben wird"[21]. Eine solche schöpferische Verfassungsauslegung muß im Dienste sowohl der Rechtssicherheit für die Kontinuität der Grundsätze der Verfassung, als auch der ordnungsbezogenen Erfassung und Gestaltung der Bedürfnisse und Formen des sozialen Lebens stehen.

Das soziale Leben wird heute wesentlich von der Forderung geprägt, dem Einzelnen die Freiheit zu sichern, deren er zur vollen Entfaltung seiner Persönlichkeit bedarf. Diesem Freiheitsverlangen des Einzelnen wurde durch ein Streben nach Vorhersehbarkeit und Berechenbarkeit des staatlichen Organhandelns im Rechtsstaat Rechnung getragen. Er war vornehmlich auf die Herstellung einer Friedensordnung nach innen und außen gerichtet, das Handeln des Staates ist dabei auf den Rechts- und Machtzweck gerichtet[22], wobei die Verfassung der Vollziehung nur die formellen Bedingungen der Rechtskonkretisierung vorschreibt, ohne zunächst über den Inhalt des staatlichen Handelns Angaben zu machen. Diese Verfassung legt den Staat nicht auf bestimmte Zwecke der Sozialgestaltung fest, sondern gibt im allgemeinen dem Staat die Rechtsformen seines Handelns an. Adolf Merkl hat einen solchen Staat als Rechtswegestaat bezeichnet[23]; seinem Handeln schreibt die Verfassung nur die Form, nicht den Zweck, dem Rechtsweg nur die Art seiner Anlage, nicht aber das Ziel selbst vor.

Diesem *Rechtswegestaat* wurden in der Gegenwart — durch einen allgemein sicht- und erlebbaren Wandel der Staatsaufgaben — vom Einzelnen und der Gesellschaft *neue Ziele gesetzt*. Man will vom Staat nicht allein eine staatsfreie Sphäre — durch ein Unterlassen staatlicher Tätigkeit — gesichert, sondern auch all jene Voraussetzungen sozialer und wirtschaftlicher Natur erhalten, die es dem Einzelnen auch ermöglichen, die ihm eingeräumte Freiheit zu nutzen. Durch soziale Forderungen an den Staat glaubt man, die potentielle Freiheit zur aktualisierten Freiheit transformieren zu können. Die Gestaltung der Sozial- und Wirtschaftsordnung wurde damit Aufgabe des Staates, der diese Aufgabe durch seine Verwaltung erfüllt. Auf diese Weise wurde die Verwaltung, die bisher bloßer Ordnungsgarant war, auch Leistungsträger[24]. Diese

---

[21] *Leibholz*, a.a.O., S. 281.

[22] Über die Einteilung der Staatszwecke siehe *Jellinek*, a.a.O., S. 230 ff. und Hans *Kelsen*, Allgemeine Staatslehre, Berlin 1925, S. 39 ff., sowie Klaus *Hespe*, Zur Entwicklung der Staatszwecklehre in der deutschen Staatsrechtswissenschaft des 19. Jhdt., Köln und Berlin 1964.

[23] Adolf *Merkl*, Reine Rechtslehre und Moralordnung, Österreichische Zeitschrift für öffentliches Recht N. F. Bd. XI, 1961, S. 303.

[24] Ernst *Forsthoff*, Lehrbuch des Verwaltungsrechts, 9. Auflage, München 1966, S. 35 und 320 ff.

Notwendigkeit, als Leistungsträger aktiv, das heißt interventionistisch
in das soziale Leben einzugreifen, hat sich für den Staat in den Notzeiten der beiden Weltkriege und den ihnen folgenden Jahren ergeben.
Damals galt es vor allem, die Existenzbedürfnisse der Bevölkerung, so
etwa die Wohn- und Einkommensverhältnisse, welche zerrüttet waren,
zu befriedigen. Über die Entsprechung des Ordnungs- und Machtzweckes hinaus hat der Staat Wohlfahrts- und Kulturaufgaben erfüllt.
Der Staat als Sicherheitsgarant erhielt dadurch eine ungeheure Ausweitung seines Aufgabenkreises. Dies führt zu einer Hypertrophie des Staatlichen, die sich durch ein Netz von Gesetzen, Verordnungen und individuellen Rechtsakten äußert, das alle Bereiche des öffentlichen und privaten Rechtes umspannt. Dazu kommt noch, daß der Staat mit der Zunahme seiner Aufgaben immer mehr Mittel zur Deckung der damit verbundenen Ausgaben benötigt. Zu den bisweilen anzutreffenden Len-
kungsmaßnahmen gegenüber den privatwirtschaftlichen Unternehmungen tritt noch eine Eigentätigkeit der öffentlichen Hand. Betreiben doch
eine Vielzahl öffentlich-rechtlicher juristischer Personen öffentliche An-
stalten, führen mit Rechtspersönlichkeit ausgestattete Unternehmungen
und Betriebe, welche den Gebietskörperschaften an- und eingegliedert
sind. Man denke nur daran, welche Bedeutung heute der verstaatlichten
Industrie und den Kommunalbetrieben zukommt.

Der Staat hat sich einen Wirkungsbereich zugelegt bzw. demokratisch
ausgedrückt, diesen Wirkungsbereich vom Volk übertragen bekommen,
der den Personal- und Sachaufwand der dem Recht- und Machtzweck
dienenden Hoheitsverwaltung heute weit übertrifft. In dieser Entwicklung sucht der Einzelne durch das Handeln des Staates sich die volle
Nutzung der Freiheit zu sichern.

Während die Forderung nach einer Tätigkeit des Staates im Dienste
des Kultur- und Wohlfahrtszweckes bisher meist in Programmen der
verschiedenen Repräsentanten organisierter Interessen vertreten wurde,
erhält diese Forderung nach Sozialgestaltung in letzter Zeit eine neue
Prägung dadurch, daß sie zum Inhalt eigener Grundrechte gemacht
wird, die mit einem politischen und nicht juristischen Ausdruck als soziale Grundrechte bezeichnet werden[25]. Solche Grundrechte finden sich
im Verfassungsrecht einzelner Staaten[26]; 1961 wurden sie sogar zum In-

---

[25] Siehe Franz *van der Ven*, Soziale Grundrechte, Köln 1963.

[26] Siehe derartige soziale Grundrechte etwa in folgenden europäischen Verfassungen: *Belgien* i.d.F.v. 1921, Art. 17 (2) (Recht auf unentgeltlichen Unterricht); *Dänemark* i.d.F.v. 5. Juni 1953, Art. 74 (Recht auf freie Berufswahl),
75 (1) (Angemessene Arbeitsbedingungen), 75 (2) (Recht auf öffentliche Fürsorge), 76 (Recht auf unentgeltlichen Unterricht); *Bundesrepublik Deutschland*, Grundgesetz i.d.F.v. 16. Juni 1965, Art. 20 (1) (Sozialstaatsklausel); ferner
die Landesverfassungen von Bayern i.d.F.v. 2. Dezember 1946, Art. 106 (Recht
auf angemessene Wohnung), 166 (Recht auf Arbeit), 168 (Recht auf angemes-

halt einer eigenen Europäischen Sozialcharta, die am 18. Oktober 1961 in Turin von 13 europäischen Staaten, unter ihnen auch der Bundesrepublik Deutschland, unterzeichnet wurde.

Die Unterzeichnung durch Österreich erfolgte am 22. Juli 1963, allerdings unter dem Vorbehalt, daß einer Ratifizierung der Europäischen Sozialcharta gewisse innerösterreichische, legistische Hindernisse entgegenstünden und diese deshalb auf erhebliche Schwierigkeiten stoße[27]. Die Bundesrepublik Deutschland ratifizierte die Sozialcharta bereits am 19. September 1964[28], nachdem die Ratifizierungen durch England, Norwegen, Schweden und Irland vorangegangen waren. Nach dieser fünften Ratifizierung trat die Sozialcharta durch Hinterlegung der deutschen Ratifizierungsurkunde beim Generalsekretär des Europarates am 26. Feber 1965 für die ratifizierenden Staaten in Kraft. Damit wurde die For-

---

senes Arbeitsentgelt), 171 (Sozialversicherung), 174 (Recht auf Erholung), 175 (Mitbestimmungsrecht); Berlin i. d. F. v. 1. September 1950, Art. 12 (Recht auf Arbeit), 14 (Garantie des Lebensunterhalts), 17 (Mitbestimmungsrecht), 19 (Recht auf Wohnraum); Bremen i. d. F. v. 21. Oktober 1947, Art. 14 (Recht auf Wohnraum), 37 (Schutz der Arbeit), 47 (Mitbestimmungsrecht), 49 (Schutz der Arbeitskraft), 50 (Soziales Arbeitsrecht), 51 (Streikrecht), 56 (Urlaubsanspruch), 57 (Sozialversicherung), 58 (Garantie des notwendigen Lebensunterhaltes); Hamburg i.d.F.v. 6. Juni 1952, Art. 3 (Sozialstaatsklausel); Hessen i.d.F.v. 1. Dezember 1946, Art. 28 (Recht auf Arbeit und Fürsorge), 29 (Streikrecht), 33 (Gerechtes Arbeitsentgelt und angemessener Lebensunterhalt), 34 (Urlaubsanspruch), 35 (Sozialversicherung), 37 und 38 (Mitbestimmungsrecht); Nordrhein-Westfalen i.d.F.v. 28. Juni 1950, Art. 24 (Schutz der Arbeitskraft), 26 (Mitbestimmungsrecht); Rheinland-Pfalz i.d.F.v. 18. Mai 1947, Art. 53 (Schutz der Arbeit), 56 (Gerechtes Arbeitsentgelt), 66 (Streikrecht); *Finnland* i.d.F.v. 26. April 1957, § 6 (2) (Schutz der Arbeitskraft); *Frankreich* i.d.F.v. 31. Dezember 1963, welche die Präambel der Verfassung 1946 rezipiert, in der folgende soziale Grundrechte enthalten sind: ohne Artikel (Recht auf Arbeit, Recht sich der Gewerkschaft seiner Wahl anzuschließen, Streikrecht, Gesundheitsschutz, Recht auf Freizeit, Recht auf Alters-, Invaliden- und Arbeitslosenfürsorge, Recht auf unentgeltlichen Unterricht); *Island* i.d.F.v. 16. Juni 1944, Art. 69 (Freie Berufswahl), 70 (öffentliche Fürsorge); *Italien* i.d.F.v. 27. Dezember 1963 Art. 29 (Schutz der Familie), 35 (Schutz der Arbeit), 36 (1) (Recht auf angemessene Entlohnung), 36 (3) (Unverzichtbares Recht auf einen wöchentlichen Ruhetag und Urlaub), 37 (Besonderer Schutz der Frau im Arbeitsverhältnis), 38 (1) (Recht auf Unterhalt und Sozialfürsorge unbemittelter Arbeitsunfähiger), 38 (2) (Recht auf angemessene Unglücks-, Krankheits-, Invaliditäts-, Alters- und Arbeitslosenversorgung), 38 (3) (Berufsausbildung für beschränkt Arbeitsfähige), 39 (Anerkennung der Gewerkschaften, ihrer Rechtspersönlichkeit und Kollektivvertragsfähigkeit), 40 (Streikrecht), 46 (Mitbestimmungsrecht); *Luxemburg* i.d.F.v. 25. Oktober 1956, Art. 11 (4) (Arbeitsschutz), 11 (5) (Sozialstaatsklausel), 23 (1) (Recht auf unentgeltlichen Unterricht); *Türkei* i.d.F.v. 27. Mai 1961, Art. 40 (Freie Berufswahl), 42 (Recht auf Arbeit), 43 (1) (Arbeiterschutz), 44 (Recht auf Freizeit), 46 (Recht auf Gründung von Arbeitnehmerverbänden), 48 (Recht auf soziale Sicherheit), 49 (Recht auf ärztliche Betreuung und entsprechende Wohnung).

[27] Beachte die Antwort des Bundesministers für auswärtige Angelegenheiten Dr. Bruno Kreisky auf die Anfrage der Abgeordneten Cernetz und Genossen, betreffend die Ratifikation der Konventionen des Europarates, Parlamentskorrespondenz vom 3. 6. 1964, II-346 der Beilagen, X GP.

[28] BGBl. Teil II 1965, S. 1122 ff. und BArbBl. 16/1965, S. 209 ff.

derung nach sozialen Grundrechten — über den Bereich der Gesell-
schaftspolitik innerhalb der einzelnen Staaten hinaus — von zwischenstaatlicher Bedeutung. Es erscheint daher angebracht, sich die Frage
nach Grundrechten und Sozialordnung vorzulegen.

Die Frage nach Grundrechten und Sozialordnung habe ich mir erstmals anläßlich meiner an der rechts- und staatswissenschaftlichen Fa-
kultät der Universität Innsbruck gehaltenen Antrittsvorlesung über die
Europäische Sozialcharta gestellt. In einer erweiterten Fassung dieses
Vortrags soll nun ein Beitrag zu ihrer Beantwortung geleistet werden,
in dem die einschlägige Literatur nur so weit zitiert wird, als sie Beleg
für meine Ausführungen ist. Diese sollen, beginnend mit einer Skizzie-
rung der Entwicklung der Grundrechte das Auftreten der Idee sozialer
Grundrechte und die damit verbundenen Forderungen aus historischer
und dogmatischer Sicht erklären, um hernach unter Beleuchtung der
Humanisierung des Völkerrechtes den Weg zur Europäischen Sozialcharta darzustellen und sie dem bereits bestehenden internationalen
Schutz der sozialen Rechte gegenüberzustellen. Da die Rechte der Europäischen Sozialcharta nach innerstaatlicher Ausführung verlangen, gilt
es, die Möglichkeiten zu untersuchen, wie den Zielen des Sozialstaates
mit den Techniken des Rechtsstaates entsprochen werden kann. Ab-
schließend soll gezeigt werden, welche Folgen mit dieser Entwicklung
zum sozialen Rechtsstaat für die Zwecke und Funktionen des Staates
verbunden sind.

I. Die Idee sozialer Grundrechte
im Lichte der Grundrechtsentwicklung

Die Freiheit als „Eins und Alles der Philosophie"[1] ist als „soziale oder politische Freiheit"[2] immer wieder Hauptgegenstand politischer Bemühungen. Als der „Zentralbegriff des Rechts überhaupt"[3] durchzieht sie den Bereich der Grundrechte, in welchen der *Freiheitsbegriff* untrennbar *mit* dem Begriff der *Menschenwürde*[4] verbunden ist. Hans Planitz bezeichnet daher auch die Geschichte der Grundrechte als „Geschichte der menschlichen Freiheit"[5].

Schon in der griechischen Antike stellten sich Denker die Frage nach einer Weltordnung, die Gewalt und Streit als dem Recht, der Ordnung und damit der Freiheit widersprechend ansahen. In der Sophistik finden wir erstmals auch eine Kritik des positiven Rechtes, wobei nach einem Maßstab gesucht wurde, an dem das positive Recht auf seine Richtigkeit hin geprüft werden kann[6]. Die Natur (φύσις) dient hiebei als Maßstab für die Wertung bestehender Einrichtungen (νόμοι). Diese Gegenüberstellung von Physis und Nomos beherrscht seit der Sophistik die griechische Rechtslehre[7].

---

[1] Friedrich Wilhelm Joseph *Schelling*, Das Wesen der menschlichen Freiheit, Hgb. von Horst Fuhrmans, Düsseldorf 1950, S. 21.

[2] Hans *Kelsen*, Vom Wesen und Wert der Demokratie, 2. Auflage, Tübingen 1929, S. 4.

[3] Walter *Leisner*, Die verfassungsrechtliche Freiheit und ihre Begrenzung, in: Von der Freiheit, Hannover 1961, S. 103.

[4] Zum Begriff der Menschenwürde vgl. Hans Carl *Nipperdey*, Die Würde des Menschen, in: *Neumann - Nipperdey - Scheuner*, Die Grundrechte, Berlin 1954, 2. Band, S. 1 ff. und René *Marcic*, Der unbedingte Rechtswert des Menschen, in: Politische Ordnung und menschliche Existenz, Festschrift für Eric Voegelin, München 1962, S. 360 ff.

[5] Hans *Planitz*, Zur Ideengeschichte der Grundrechte, in: Hans Carl *Nipperdey*, Die Grundrechte und Grundpflichten der Reichsverfassung, Berlin 1930, 3. Band, S. 597.

[6] Siehe etwa *Hippias*, Mem. IV, 4, 19 ff.; *Kallikles* in Platons Dialog „Gorgias", 37 bis 73 Kap.; *Antiphon*, in dem von Wilamovitz - Moellendorf in einem Papyrus aufgefundenen Stellen, abgedruckt in einem Sitzungsbericht der Berliner Akademie der Wissenschaften (XXXV), 1916, S. 931; dazu beachte Erik *Wolf*, Griechische Rechtsdenker II, Frankfurt am Main 1950, S. 76, 87, 120 ff. und 134 ff.; Alfred *Verdross*, Abendländische Rechtsphilosophie, 2. Auflage, Wien 1963, S. 21 ff. und Herbert *Schambeck*, Der Begriff der „Natur der Sache", Wien 1964, S. 7 f.

[7] So auch *Verdross*, a.a.O., S. 21; vgl. dazu Felix *Heinimann*, Nomos und Physis, Basel 1945; Felix *Flückiger*, Geschichte des Naturrechtes, 1. Band, Zürich 1954 und *Schambeck*, a.a.O., S. 9 ff.

Zur Entwicklung einer Idee von der Wesensgleichheit der Menschen ist es erst durch die Lehre der Stoa mittels des Gedankens der Weltvernunft (λόγος) gekommen. Nach ihr haben nämlich alle Menschen am Logos Anteil und sind so als vernunftbegabte Wesen einander gleich[8]. Diese Gleichheitslehre erstreckt sich aber nicht auf den sozialen-politischen Bereich[9]. Die Menschen sind nur von der sittlichen Zielsetzung her gleich, daraus zieht aber die Stoa nicht die revolutionäre Forderung, die positiv-rechtlich begründete verschiedene Rechtstellung zwischen Inländern und Ausländern sowie zwischen Freien und Sklaven aufzuheben[10]. Der Personwert des Menschen hat zwar eine besondere Vertiefung durch die Lehre der Stoa erhalten, nach der alle Menschen Wesen sind, die durch ihre Vernunft an der Weltvernunft des Logos teilhaben und nach Cicero ein Abbild des lex naturalis in sich tragen[11]. Die Würde des Menschen selbst wurde aber erst durch die Lehre des Christentums metaphysisch begründet, nach welcher der Mensch als Gottesebenbild die irdische Welt überragt, in deren Geschichte er nicht aufgeht, sondern sich als potentielles Glied auf das ewige überirdische Reich Gottes vorbereitet. Bereits Papst Leo der Große weist auf jene dignitas humana hin: „Deus qui humanae substantiae dignitatem mirabiliter condidisti et mirabilius reformasti"[12].

Diese in der Gottesebenbildlichkeit aller Menschen gelegene Würde des Menschen hat als Wirkgrund das abendländische Denken durchsäuert[13]. Was Denker wie Demokrit[14], Hippias[15], Antiphon[16], Lykrophon[17], Gorgias[18] und Alkidamas[19] gefordert, Dichter wie Aischylos[20] und Euripides[21] besungen haben, findet im Christentum seine stoß-

---

[8] Siehe Gerhard *Oestreich*, Die Entwicklung der Menschenrechte und Grundfreiheiten, in: *Bettermann - Neumann - Nipperdey*, Die Grundrechte, Berlin 1966, I. Band, 1. Halbband, S. 11 f.

[9] Beachte *Oestreich*, a.a.O., S. 12.

[10] *Verdross*, a.a.O., S. 47.

[11] *Cicero*, De re publica III, c. 22.

[12] Zitiert nach Josef Andreas *Jungmann*, Missarium sollemnia II, Wien 1949, S. 74 f.

[13] Siehe *Verdross*, Abendländische Rechtsphilosophie und Ernst C. *Hellbling*, Der Mensch und seine Umwelt nach der Bibel, zugleich ein Beitrag zur sozialen Frage, Festschrift für Hans Schmitz, I. Bd., Wien-München 1967, S. 343 ff.

[14] Siehe *Diels - Kranz*, Fragmente der Vorsokratiker, 6. Aufl., Berlin 1952, Fr. 256, II, 195.

[15] Siehe Memorabilien des *Xenophon* und *Platons* Protagoras.

[16] Siehe die in einem Papyrus von *Wilamowitz - Moellendorf* aufgefundenen Fragmente, abgedruckt in einem Sitzungsbericht der Berliner Akademie der Wissenschaften XXXV, 1916, S. 931.

[17] Siehe *Aristoteles*, Rhetorik II, 1358 b und III, 1406 b.

[18] Siehe *Aristoteles*, Rhetorik I, 1373 b.

[19] Siehe *Aristoteles*, Rhetorik II, 1358 b und III, 1406 b.

[20] L. *Wolde*, Aischylos, Tragödien und Fragmente, Sammlung Dietrich, Band 17.

[21] Insbesondere *Euripides*, Die Schutzflehenden und Die Phönizierinnen.

kraftartige Begründung, um etwa in den Bildern der Patristiker Gregor von Nyssa[22], Gregor von Nazianz[23], Ambrosius[24], Johannes Chrysostomus[25], Basilius[26] veranschaulicht und von Aurelius Augustinus[27] und Thomas von Aquin[28] in das Rechts- und Staatsdenken eingeführt zu werden; der Staatsgewalt sollten dadurch auch Grenzen ihrer Macht vor Augen geführt werden.

Eine Beschränkung der Staatsgewalt forderte auch Marsilius von Padua. In seinem Werk „Defensor pacis" beschreibt Marsilius den sozialen Frieden als vollkommenes und ungehindertes Zusammenwirken und Funktionieren der einzelnen Bestandteile des Staates und verengt den Begriff des Friedens auf das Funktionieren der sozialen Relationen[29].

So sehr die Grundrechtsentwicklung dieser Zeit von der Idee der Gottesebenbildlichkeit aller Menschen getragen war, reichte sie aber nicht aus, um die wirtschaftlichen und sozialen Zustände zu verbessern. Der Einzelne war eingefangen in den verschiedenen Rechtskreisen seines Lebensverbandes, seiner Stadt oder seines Territoriums, wodurch ihm aber auch gleichzeitig ein Mindestmaß an rechtlichem Schutz gegeben war.

Einen Sinnwandel erlebt die Stellung des Einzelnen, als sich der Staat an der Schwelle der Neuzeit zum Verwaltungs- und Polizeistaat hin entwickelte. Durch die Lösung der straffen Einheit von Kirche und Staat tritt der Einzelne in einen neuen Freiheitsraum, der aber von der erstarkten staatlichen Gewalt aufgefüllt wird. Die Lösung neuer Ordnungsprobleme — neben Friedens- und Rechtssicherung traten jetzt zum Beispiel die neuen komplizierten Materien des Gewerbe-, Markt-, Zoll-, Geld-, Fürsorge-, Gesundheits-, Verkehrs- und Bauwesens — stellte neue Anforderungen an den Staat, der wie Otto Brunner feststellt, „den Einzelnen aus seinen lokalen und herrschaftlichen Bindungen mit der Zeit herauslöst[30], wodurch der Einzelne jetzt dem einseitigen Rechtsgebot des Fürsten[31] unterliegt. Die Macht des Regenten ver-

---

[22] Gregor von *Nyssa*, De pauperum amore oratio und de hominis opificio.

[23] Gregor von *Nazianz*, Oratio de fuga.

[24] Insbesondere *Ambrosius*, De officiis ministrorum.

[25] Siehe besonders Stephan *Verosta*, Johannes Chrysostomus, Staatsphilosoph und Geschichtstheologe, Graz-Wien-Köln 1960.

[26] *Basilius*, De renuntiatione saeculi.

[27] Aurelius *Augustinus*, De civitate Dei.

[28] Insbesondere Thomas von *Aquin*, De regimine principum.

[29] H. *Kusch*, Marsilius von Padua, der Verteidiger des Friedens, lateinisch und deutsch, 2 Bde., Berlin 1958, XXVII, Anm. 2.

[30] Otto *Brunner*, Die Freiheitsrechte in der altständischen Gesellschaft, in: Aus Verfassungs- und Landesgeschichte, Festschrift für Th. Mayer, Band 5, Lindau-Konstanz 1954, S. 94.

[31] Hans *Maier*, Die ältere deutsche Staats- und Verwaltungslehre, Neuwied und Berlin 1966, S. 94.

mehrte sich in dem Maße, als er mit seinem neuen Verwaltungsapparat, mit seinem Heer und seiner Polizei die intermediären Gewalten der alten Stände auflöste und den Einzelnen seiner absoluten Staatsmacht unterstellen konnte. Diese Entwicklung zu einer sich verdichtenden Staatlichkeit erfuhr ihren Höhepunkt im staatlichen Absolutismus des 16., 17. und 18. Jahrhunderts. Begünstigt durch die Rezeption des römischen Rechts[32] trat der absolute Herrscher als oberste Staatsgewalt hervor und drängte das Bürgertum und noch mehr den vierten Stand in die soziale und politische Bevormundung zurück.

Es war dies die Zeit, in der sich der Polizeistaatsgedanke entwickelte und die Polizei eine „spezifischere Bedeutung als Instrument zur Herstellung der inneren Ordnung im Staat" erlangte[33]. Der Vertragsgedanke als Hauptmerkmal mittelalterlicher Rechtsetzung wich der einseitigen Rechtsetzung der Fürsten. Die Gerichtsbarkeit und die Verwaltung wurden in zunehmendem Maße in den Dienst der Ziele der Landesherren gestellt. Auf diesem sozialen und politischen Hintergrund ist der „ideelle und der reale Kampf um die Menschenrechte der frühen Neuzeit" zu sehen[34].

Daneben war die christliche Lehre von des Menschen Würde nicht überall konservativ, sondern, wie bei den spanischen Spätscholastikern de Vitoria, Soto, Vasques, Suarez, zündend und bahnbrechend für die Weiterentwicklung des Naturrechts auf weltweiter Ebene. Verkündete auch de Vitoria: „Unter allen Menschen besteht gleichsam von Natur her eine Art Verwandtschaft"[35].

Aber nicht allein der Katholizismus, auch der Protestantismus, insbesondere die calvinistische Richtung, ist eine „formende, politische Kraft in der westlichen Staatenwelt" geworden[36]. So forderte der Hauptvertreter der calvinistischen Staatslehre Johannes Althusius eine Begrenzung der Regierungsgewalt und bringt zum Ausdruck, daß die in der Verfassung dem Herrscher nicht ausdrücklich übertragenen Rechte beim Volke verbleiben[37].

In der Folge machte sich im Naturrechtsdenken immer stärker der Rückgriff auf die menschliche Vernunft — als Erkenntnismittel oder als

---

[32] Hans *Planitz*, Deutsche Rechtsgeschichte, 2. Auflage, Graz 1961, S. 255 ff.

[33] Hans *Maier*, a.a.O., S. 130.

[34] *Oestreich*, a.a.O., S. 26.

[35] De Indis III, Nr. 3, 2. These, zitiert nach der Übersetzung in: Gerhard *Möbus*, Politische Theorien, Teil II, Köln und Opladen 1961, S. 147.

[36] *Verdross*, a.a.O., S. 91.

[37] Vgl. eingehend Otto *Gierke*, Johannes Althusius und die Entwicklung der naturrechtlichen Staatstheorien, 2. Aufl., Breslau 1902, und Ernst *Reibstein*, Johannes Althusius als Fortsetzer der Schule von Salamanca, Karlsruhe 1955.

Erkenntnisgrund verwendet[38] — bemerkbar. Die Säkularisierung der Naturrechtssätze, der Rationalismus der Aufklärungszeit und der Individualismus sind Wegmarken in der Geschichte der Menschenrechte, wie sie dann der politische Liberalismus im 18. und 19. Jahrhundert forderte. Besonders die von John Locke[39] vertretene Lehre vom Recht auf Leben, Freiheit und Eigentum sollte von entscheidendem Einfluß sein; denn auf ihr baute William Blackstone[40] seine Lehre von den subjektiven und absoluten Rechten der Personen auf, die für die Grundrechtsentwicklung in den USA und hernach in Frankreich auch am Kontinent bestimmend werden sollte.

Entscheidend für die *Verwirklichung der Freiheitsrechte* war letztlich die in den neu-englischen Kolonien wirkkräftig gewordene staatsrechtliche Entwicklung. In der „kolonialen Ausnahmesituation"[41] Nordamerikas fanden die Siedler in den sich vom Mutterland lossagenden Kolonien die historischen, geographischen, wirtschaftlichen und sozialen Voraussetzungen, einen geschlossenen Katalog von Menschenrechten aufzustellen. Die bei Locke als Schranken der gesetzgebenden Gewalt postulierten Rechte waren von Blackstone 1754 als „subjektive Rechte der englischen Untertanen"[42] formuliert worden und sind erstmals in der Bill of Rights der Verfassung von Virginia vom 12. Juni 1776 in umfassender Weise proklamiert worden; sie finden sich auch in der von Jefferson ausgearbeiteten Unabhängigkeitserklärung vom 4. Juli 1776. Hier werden erstmalig nicht altes Herkommen, Privilegien und Gewohnheiten zur Begründung der Rechte der Siedler herangezogen[43]. Man stützt sich in den verschiedenen Bills und Declarations auf Sätze des Naturrechts und auf Gott, aus dem sie letztlich alle erfließen[44].

Als neues staatliches Gebilde mit Souveränität gegenüber dem alten Mutterlande England wagte man diesen Bruch mit der positiven englischen Rechtstradition und wandte sich „weg vom historischen, hin zum reinen Naturrecht"[45]. An Stelle von Civil Liberties gewährte man durch die neuen Bills und Declarations der nordamerikanischen Staaten Hu-

---

[38] Siehe *Verdross*, a.a.O., S. 108 ff.

[39] John *Locke*, Two Treatises of Government, 1690.

[40] William *Blackstone*, Commentaries on the Laws of England. So auch Georg *Jellinek*, Die Erklärung der Menschen- und Bürgerrechte, München-Leipzig 1919, S. 40.

[41] Gerhard *Ritter*, Ursprung und Wesen der Menschenrechte, in: Zur Geschichte der Erklärung der Menschenrechte hgb. von Roman *Schnur*, Darmstadt 1964, S. 203.

[42] *Planitz*, Zur Ideengeschichte der Grundrechte, S. 605.

[43] *Ritter*, a.a.O., S. 214.

[44] Vgl. zum Beispiel die Virginia Bill of Rights vom 12. 6. 1776, in: Fritz *Hartung*, Die Entwicklung der Menschen- und Bürgerrechte, 2. Auflage, Göttingen-Frankfurt-Berlin 1954, S. 24 ff.

[45] Gerhard *Ritter*, a.a.O., S. 216.

man Rights und stellte die Sicherung der Rechte der Menschen als neuen Staatszweck den neuen Verfassungen voran[46].

Diese nordamerikanischen Menschenrechtskodifikationen hatten auf die europäische Verfassungsgeschichte nachhaltigen Einfluß. Als erstes wurden nach amerikanischem Vorbild in Frankreich am 26. August 1789 die Menschen- und Bürgerrechte proklamiert[47]. Die Französische Revolution hat aber ihren Kampf um die Freiheit mit dem Streben um Gleichheit verbunden und die soziale Bedeutung der Grundrechte in den Vordergrund gestellt.

So lautet Artikel 2 von Robespierres Entwurf der Menschenrechte: „Die Grundrechte des Menschen sind die, für die Erhaltung seiner Existenz und seiner Freiheit besorgt zu sein"[48] und Artikel 23 der Menschenrechtserklärung der Konvention von 1793: „La garantie sociale consiste dans l'action de tous pour assurer à chacun la jouissance et la conservation de ses droits".

In der Verfassung vom 24. Juni 1793, der Declaration Jacobine, wurde das soziale Element in den Grundrechten stärker betont und die Gleichheit vor Freiheit, Sicherheit und Eigentum an die Spitze der natürlichen Rechte gesetzt[49]. Besondere soziale Rechte wurden ebenfalls in die zweite Verfassung aufgenommen, wie die freie Berufs- und Arbeitswahl, Aufhebung jeglicher Form der Leibeigenschaft, Gewährung des Rechtes auf Arbeit oder auf Unterstützung bei Arbeitsunfähigkeit.

In der dritten bürgerlich-republikanischen Verfassung vom 22. August 1795 wurde die Freiheit wieder der Gleichheit, der Sicherheit und dem Recht auf Eigentum vorangestellt. Die Angst, durch eine zu starke Betonung des Gleichheitsgedankens starke soziale Spannungen und Unzufriedenheiten auszulösen, ließ die Forderungen nach Gleichheit als zu gefährlich erscheinen. Gleichheit wurde jetzt nur als égalite civile verstanden, als Gleichheit des Rechtes und nicht mehr als politische oder gar soziale. Außerdem wurden den Grundrechten auch Pflichten gegenüber gestellt, wie die Pflicht zur Verteidigung des Vaterlandes.

Das Recht auf Arbeit und überhaupt die soziale Komponente und der Bezug auf das Gemeinwohl, die die beiden ersten Erklärungen von 1789

---

[46] Vgl. *Oestreich*, a.a.O., S. 49.

[47] Georg *Jellinek*, Die Erklärung der Menschen- und Bürgerrechte, jetzt auch in: Zur Geschichte der Erklärung der Menschenrechte, hgb. von Roman *Schnur*, S. 1 ff. und *derselbe*, Die Erklärung der Menschen- und Bürgerrechte, dortselbst S. 113 ff., und Otto *Vossler*, Studien zur Erklärung der Menschenrechte, dortselbst bes. S. 193 ff.

[48] Siehe Max *Bentele*, Das Recht auf Arbeit in rechtsdogmatischer und ideengeschichtlicher Betrachtung, Zürich 1949, S. 28, Fn. 45.

[49] Vgl. *Oestreich*, a.a.O., S. 61.

und 1793 auszeichneten, waren aus der Verfassung von 1795 eliminiert
worden.

Ein interessanter Unterschied zwischen den amerikanischen Menschenrechtserklärungen und der französischen von 1789, als Prototyp
europäischer Grundrechtskataloge, läßt sich hinsichtlich der Gleichheits-
forderungen feststellen. In den nordamerikanischen Kolonialstaaten war
die Forderung nach Gleichheit staatsrechtlich akzentuiert. Man wollte
die Gleichstellung mit den englischen Bürgern nicht missen. Der Ruf
„no taxation without representation" war anfangs Kampfruf gegen die
ungleich und daher ungerecht empfundene Behandlung der Kolonisten
in Fragen der Abgaben und Steuern. Obwohl nämlich die Kolonien nicht
im Parlament vertreten waren, sollten sie dennoch Steuerleistungen erbringen. Der Stoß der Gleichheitsforderung richtete sich gegen den
Parlamentsabsolutismus des englischen Mutterlandes und trug rechtspolitische Züge.

In den sozial und wirtschaftlich wenig gegliederten Kolonien entwickelte sich, unbelastet vom Ballast alter europäischer feudal- und
ständestaatlicher Wirtschafts- und Sozialordnungen, aufbauend auf annähernd gleichen socio-ökonomischen Verhältnissen, eine soziale Solida-
rität, die im Unabhängigkeitskampf auch als politische Homogenität
wirkkräftig geworden ist.

Unter ganz anderen Gesichtspunkten muß man dagegen die Gleich-
heitsforderungen in den französischen und in allen europäischen Grundrechtskatalogen sehen.

Wegen der herrschenden spätfeudalen, absolutistischen Wirtschafts-
und Sozialordnung mit bevorrechteten, minderberechtigten und entrech-
teten Personengruppen waren die Grundrechtsforderungen der europäischen Konstitutionen mit einer großen sozialen Belastung versehen.

Das Erwachen des vierten Standes, die industrielle Revolution und die
Arbeiterfrage gaben dem Gleichheitsstreben, das in den europäischen
Grundrechtskatalogen zum Ausdruck kam, ein besonderes Gepräge,
weswegen die auf rein liberale Konzeption abgestellten Grundrechte
amerikanischer Spielart auch der sozialen Konzeption im Sinne einer
materialen Gleichheit nicht entsprechen konnten. Die politische und soziale Gegliedertheit wurde deswegen mit den europäischen Grundrechts-
erklärungen auch nicht aus der Welt geschafft. Die soziale Emanzipation, die im 18. und 19. Jahrhundert in den USA nie in dem Maße notwendig war, wie sie in Europa geboten gewesen wäre, war gegenüber
der politischen Emanzipation des endlich freien Bürgers nicht so sehr
als notwendig erachtet worden.

Die amerikanischen Menschenrechtserklärungen waren auf den sozial
emanzipierten Bürger abgestellt und entsprachen einem ganz bestimm-

ten Menschenbild, dessen Ideal sich mit den europäischen Sozialverhältnissen nicht deckte.

Die soziale Seite der Menschenrechte war gegenüber der liberalen vergessen, oder besser, mißachtet worden. Erst aus einem neuen Freiheitsverständnis unseres Jahrhunderts resultierte die stärkere Beachtung der sozialen Grundrechte des Menschen, obgleich schon in Europa nach dem damals theoretisch wohl bereits erkannten, aber nicht praktisch durchgeführten Demokratiebegriff selbst die Ansätze zu einem solchen Verständnis zu sehen gewesen wären.

Mit „Tout pour le peuple, tout par le peuple, tout au peuple"[50] umschreibt der Abbé Claude Fauchet (1744—1793), Hauptsprecher der demokratischen Tendenzen im französischen Katholizismus — Abraham Lincolns Formel vom „Government of the people, by the people, for the people"[51] vorwegnehmend — die Demokratie. Diese Erklärung der Demokratie läßt bereits die Tiefe und Verästelung des Grundrechtes der menschlichen Person auf Existenz, dem Wirkgrund der Demokratie, erahnen: Die Freiheitsrechte, die politischen Rechte und die sozialen Grundrechte.

Die Positivierungsbestrebungen des liberalen Staates des 19. Jahrhunderts waren aber nur auf die Verbriefung der ersten beiden Gruppen von Grundrechten gerichtet. Liberalismus und Demokratismus gingen zu diesem Zweck eine Symbiose ein, die für die Entwicklung des öffentlichen Rechtes vor allem auch durch die Herausbildung des Rechtsstaates[52] entscheidend war, der das gesamte Handeln des Staates an die Gesetze bindet, und der die Grundrechte der Freiheit der Person und des Eigentums, der Meinungsäußerung, der Forschung und Lehre, der Religionsausübung, der Glaubens- und Gewissensfreiheit, der Petitions-, Vereins- und Versammlungsfreiheit anerkannt und vor allem zur Positivierung des Gleichheitsgrundsatzes führte, der aber nur in der Sicherung der formalen Freiheit, liberal und demokratisch zugleich, als eine garantierte Gleichheit vor dem Gesetz statuiert wurde. Als zu diesen verbrieften Grundrechten auch noch das demokratische Recht zur aktiven und passiven Wahl, des Volksbegehrens und der Volksab-

---

[50] Nach Hans *Maier*, Revolution und Kirche, 2. Auflage, Freiburg-Breisgau 1965, S. 121.

[51] Abraham *Lincoln*, Rede gehalten zu Gettysburg (Gettysburg address) am 19. November 1863, zitiert nach Henry Steele *Commager*, Documents of American History, 7. Auflage, New York 1962, S. 429.

[52] Siehe Adolf *Merkl*, Die Wandlungen des Rechtsstaatsgedankens, Österr. Verwaltungsblatt, 8. Jahrgang, Nr. 7, S. 174 ff., Neudruck in: Die Wiener rechtstheoretische Schule, Schriften von Hans *Kelsen*, Adolf *Merkl*, Alfred *Verdross*, hgb. von Hans *Klecatsky*, René *Marcic*, Herbert *Schambeck*, Band 2, Wien-Salzburg 1968, S. 1943 ff. und: Gedanke und Gestalt des demokratischen Rechtsstaates, hgb. von Max *Imboden*, Ruf und Antwort Nr. 6, Wien 1965.

stimmung trat, glaubte sich die bürgerliche Gesellschaft des liberalen 19. Jahrhunderts aus eigenen Kräften und Gedanken hinreichend gesichert[53]. Dabei darf man aber nicht übersehen, daß diese klassischen Grundrechte ideengeschichtlich nichts anderes als das Ergebnis der Säkularisation alten christlichen Gedankengutes sind. So hat etwa schon Erich Kaufmann[54] darauf hingewiesen, daß die Forderung nach der Gleichheit aller vor dem Gesetz auf den Glauben von der Gleichheit aller vor Gott zurückzuführen ist. Das Gleichheitsprinzip ist somit im letzten nichts anderes als der ins positiv-rechtliche übersetzte Grundsatz der Gottesebenbildlichkeit aller Menschen. Gregor der Große[55] hat ja auch bereits verkündet: „Alle Menschen sind von Natur aus gleich".

Die Positivierungsbestrebungen wirken sich in den europäischen Grundrechtskatalogen aber freilich anders aus. Die Menschenrechte werden in juristische Formen gefaßt und zu subjektiven öffentlichen Rechten der Staatsbürger gemacht. Wie Georg Jellinek erklärt, wird eine objektive Ordnung des öffentlichen Rechtes daher Grund des subjektiven öffentlichen Rechtes[56]. Die Grundrechte sind „als logisches Prius der Rechtsordnung dabei nicht denkbar"[57]. Diese Grundrechte gehen von einem anderen Menschenbild aus. An die Stelle der naturrechtlich-aufklärerischen Vorstellung des vernünftigen Menschen mit seinen angeborenen Rechten (und Pflichten) war die liberale Auffassung von der Rechtsperson getreten, die vom Staat in Form subjektiver öffentlicher Rechte eine staatsfreie Sphäre erhält[58]. Die Grundrechte wurden als Pflicht zu einem Unterlassen des Staates und nicht als Aufgabe eines Tätigwerdens angesehen. Dies zeigt deutlich die Handhabung des Gleichheitssatzes[59].

Die *Theorie der Grundrechte* wurde in der Folge weiter von Georg Jellinek ausgebaut und die Grundrechte als eigenständige „subjektive

---

[53] Man beachte Der Liberalismus in ausgewählten Texten, dargestellt von Michael *Freund,* Stuttgart 1965.

[54] Erich *Kaufmann,* Die Gleichheit vor dem Gesetz im Sinne des Art. 109 Reichsverfassung, in Heft 3 der Veröffentlichungen der Vereinigung der Deutschen Staatsrechtslehrer, Berlin-Leipzig 1927, S. 2 ff.

[55] Moral. lib. XXI, c. 15 Migne Pl., 76, 203.

[56] Georg *Jellinek,* System der subjektiv öffentlichen Rechte 1. Auflage, Tübingen 1892, 2. Auflage, Tübingen 1919, S. 86.

[57] *Jellinek,* a.a.O., S. 9.

[58] *Oestreich,* a.a.O., S. 86.

[59] Siehe zum Beispiel Erkenntnis des österreichischen Verfassungsgerichtshofes vom 23. 3. 1957, Slg. 3160: „Der Gleichheitssatz verwehrt dem Gesetzgeber wohl, unsachliche Differenzierungen vorzunehmen. Aber er hat niemals die Bedeutung, daß der Gesetzgeber zu einem positiven Tun verpflichtet werden könnte."

öffentliche Rechte" bezeichnet[60], die als individualisierte Ansprüche von bloßem Reflex objektiven Rechtes scharf zu trennen sind[61].

Jellinek qualifizierte den Menschen als Rechtsperson in seiner Eigenschaft als Träger von Rechtsansprüchen in bestimmte Richtungen, die, je nach der Art der Beziehung zum Staat, den Einzelnen in eine Reihe „rechtlich relevanter Zustände" versetzt, aus denen sich für das Individuum als Rechtssubjekt je nach dem Zustand verschiedene subjektive öffentliche Rechte ergeben[62]. Mit seiner Zugehörigkeit zum Staate tritt das Individuum automatisch in verschiedene Statusverhältnisse. Jellinek kennt den passiven Status (status subjectionis), den negativen Status (status libertatis), den positiven Status (status civitatis) und als vierten den aktiven Status (den Status der aktiven Zivität).

Mit dieser Aufspaltung der Rechtsbeziehungen des Einzelnen zum Staat glaubt Jellinek seine Stellung erschöpfend zu erfassen, in dem nämlich Rechtsbeziehungen des Einzelnen zum Staat als „Leistungen an den Staat, Freiheit vom Staat, Forderungen an den Staat und Leistungen für den Staat" gewertet werden[63]. Stufenförmig erhebt sich nach dieser Konstruktion das Individuum zur vollen Rechtspersönlichkeit, indem es zuerst „dem Staate Gehorsam leistend der Persönlichkeit bar erscheint." Hierauf wird ihm vom Staat eine staatsfreie Sphäre zuerkannt. Im status civitatis verpflichtet sich der Staat zu Leistungen an das Individuum, während letztlich im Status der aktiven Zivität der Einzelne als Bürger an der „staatlichen Herrschaftsübung teilnimmt" bzw. als „Träger des staatlichen Imperiums anerkannt wird"[64].

In der Jellinek'schen Deskription des ersten von ihm genannten Status, des status subjectionis (bzw. des passiven status), offenbart sich sein Personbegriff und man erkennt, wie stark liberales Denken von staatsrechtlich-monarchisch-absolutistischen Gedanken geprägt ist. Er kennt keine vorstaatliche absolute Persönlichkeit des Einzelnen, die in keinem Punkte zur prinzipiellen Unterwerfung unter den Staatswillen verpflichtet wäre. Ein solcher Personbegriff ist nach Jellineks Worten „eine mit dem Wesen des Staates unvereinbare Vorstellung, die nur in der naturrechtlichen Spekulation von der mythischen vorstaatlichen Persönlichkeit anzutreffen ist"[65].

---

[60] Georg *Jellinek*, System der subjektiv öffentlichen Rechte, 1. Auflage, Tübingen 1892, 2. Auflage, Tübingen 1919.

[61] *Jellinek*, System, 2. Auflage, S. 80.

[62] *Jellinek*, a.a.O., S. 86.

[63] *Jellinek*, a.a.O., S. 87.

[64] *Jellinek*, a.a.O., S. 88.

[65] *Jellinek*, a.a.O., S. 86.

Obwohl in Jellineks System in der untersten Stufe die „Selbstbestimmung und daher die Persönlichkeit ausgeschlossen ist", nimmt mit dem Wachstum der individuellen Persönlichkeit der „Umfang des passiven Status und damit das Machtgebiet des Staates ab"[66]. Im Zuge der historisch-politischen Entwicklung wurde die Staatsmacht immer mehr zurückgedrängt und dem Staat ein immer größer werdender Freiheitsbereich für das Individuum abgetrotzt. In Verdrängung von bisher Verbotenem tritt das nunmehr Erlaubte, weil es z. B. „früher eine Zensur gab, wurde Pressefreiheit proklamiert"[67]. Die individuelle Freiheitssphäre wird in der Weise garantiert, daß der Staat in diesen Freiheitsbezirk nicht eingreift, d. h. der Staat untätig bleibt. Den drei Staatsgewalten: Gesetzgebung, Gerichtsbarkeit und Verwaltung, sollte durch die Statuierung von Freiheitsrechten eine Schranke geboten werden, die sie nicht überschreiten durften. Freilich war dieser Schutz dort wirkungslos, wo keine wirksamen Rechtsmittel gegen Übergriffe der Staatsgewalten dem Einzelnen zur Verfügung standen. Eine gewisse Relativierung erhalten aber solche Freiheitsrechte (wie z. B. die Pressefreiheit, Eigentumsfreiheit, die Freiheit der Person, die Vereins- und Versammlungsfreiheit) insofern, als sie unter Gesetzesvorbehalt gestellt wurden. Allerdings wurde im vorigen Jahrhundert in der Funktion des Gesetzesvorbehaltes ein Schutz vor der diskretionären Gewalt der Verwaltung gesehen. Dieser klassische Begriff des Gesetzesvorbehaltes, wie er von Otto Mayer[68] aufgestellt wurde, hat aber mit dem Wandel des Staatsgedankens gleichfalls einen Bedeutungswandel durchgemacht, der der Vollwirksamkeit der Grundrechte in der heutigen Zeit eher abträglich ist. Der Gesetzesvorbehalt schützt heute nicht mehr so sehr vor der Bedrohung der Grundrechte durch die Verwaltung, sondern stellt vielmehr eine Ermächtigung des Gesetzgebers dar, und zwar zu einer Konkretisierung und Statuierung von Ausnahmen auch zu Lasten der Rechtssubjekte[69]. Die Entwicklung der Verfassungsgerichtsbarkeit nach Ende des 1. Weltkrieges hat aber auch hier wirksame Techniken erzeugt, um den Schutz der meist höherrangigen, auf der Stufe eines Verfassungsgesetzes stehenden Grundrechte nicht nur vor Übergriffen der Verwaltung, sondern auch vor Angriffen der einfachen Gesetzgebung zu schützen[70].

---

[66] *Jellinek*, a.a.O., S. 86.

[67] *Jellinek*, a.a.O., S. 95.

[68] Otto *Mayer*, Deutsches Verwaltungsrecht I, 3. Auflage, 1924, Neudruck Berlin 1961, S. 69 ff.

[69] Vgl. Felix *Ermacora*, Handbuch der Grundfreiheiten und Menschenrechte, Wien 1963, S. 18 f.

[70] Vgl. in Österreich die Artikel 137 ff. B.-VG. Dazu Felix *Ermacora*, Der Verfassungsgerichtshof, Graz-Wien-Köln 1956.

Im status libertatis besitzt der Einzelne nach Abzug der rechtlichen Einschränkungen[71] eine staatsfreie Sphäre. Er kann einen Freiheitsraum ausschöpfen, der ihm vom Staat überlassen wurde. Der Einzelne ist nicht gehalten, sich an dem Willen des Staates zu orientieren, sondern tritt in freie Beziehung zu den anderen Rechtsgenossen.

Die Gefahr einer Beschränkung der Freiheit des Individuums durch den Staat ist aber auch hier gegeben — wenngleich nicht so offensichtlich. Bedenkt man das heute immer stärker bemerkbare Tätigwerden des Staates in Formen des Privatrechtes, dann wird hier eine gefährliche Doppelgeleisigkeit staatlicher Machtausübung auffällig. Durch die wirtschaftliche Übermacht, die der Staat nicht zuletzt auch unter Zuhilfenahme seines Rechtsetzungsmonopols erwirbt[72], können wirtschaftliche und soziale Bewegungsfreiheit des Einzelnen und damit schließlich seine Freiheit überhaupt auch durch diese scheinbar legale Hintertür gefährdet werden. Die Omnipotenz des Staates kann dem Individuum hiebei nämlich ebenso wirkungsvoll, und das heißt in diesem Zusammenhang freiheitsbeschränkend, gegenübertreten[73].

Kraft seiner Zugehörigkeit zu einem bestimmten Staate besitzt der Einzelne gegenüber dem Staate auch gewisse rechtliche Ansprüche, welche den positiven Status ausmachen[74]. Bei der Vielfalt der richterlichen und verwaltungsmäßigen Tätigkeiten des Staates nimmt Jellinek auch eine Teilung in Ansprüche auf Leistungen der Gerichte und solche der Verwaltung vor[75]. Entscheidendes Kriterium ist hiebei die Möglichkeit der rechtlichen Durchsetzbarkeit dieses positiven Anspruchs gegenüber dem Staat. Der Anspruch auf Rechtsschutz[76], der aus dem positiven Status entspringt, bezeichnet Jellinek denn auch als das „wesentliche Merkmal der Persönlichkeit überhaupt"[77], denn wie der Rechtsschutzanspruch einerseits den positiven Status erzeugt, so ist er andererseits

---

[71] Georg *Jellinek*, Allg. Staatslehre, 3. Auflage, 7. Neudruck, Bad Homburg vor der Höhe 1960, S. 419.

[72] Siehe in Österreich zum Beispiel die Verstaatlichungsgesetze nach dem 2. Weltkrieg, BGBl. Nr. 168/1946 und BGBl. Nr. 81/1947.

[73] Vgl. zu dieser Problematik grundlegend Hans *Klecatsky*, Die Köpenickiade der Privatwirtschaftsverwaltung, Juristische Blätter 1957, S. 333 ff., neuerdings *derselbe*, Der Rechtsstaat zwischen heute und morgen, Wien-Freiburg-Basel 1967, sowie *derselbe*, Die verfassungsrechtliche Problematik des modernen Wirtschaftsstaates, Grazer Universitätsreden 7, Graz 1968 und Alfred *Kobzina*, Wirtschaftsstaat zwischen Technik und Recht, Juristische Blätter 1967, S. 451 ff.

[74] *Jellinek*, System, S. 114 ff.

[75] *Jellinek*, a.a.O., S. 121.

[76] Zum Beispiel die Rechtsmittel, die dem Angeklagten oder Verurteilten in einem Strafprozeß zur Verfügung stehen.

[77] *Jellinek*, a.a.O., S. 124.

auch Gewähr für die Anerkennung der ganzen, vom Staatsgebiete freien Privatsphäre und des gesamten Privatrechtes[78].

Aus dem positiven Status entspringt aber auch der ganze, immer größer werdende Bereich der individuellen Interessenbefriedigung durch staatliche Verwaltungstätigkeit, der von der Ausstellung öffentlicher Urkunden über Erteilung von Konzessionen bis zur Interessenbefriedigung und Interessenberücksichtigung bestimmter Personen auf Grund ihrer sozialen Umstände reichen kann. Wenn auch diese Tätigkeiten der Gerichts- und Verwaltungsorgane eher im Dienste des Rechts- und Machtzweckes des Staates liegen, so ist doch auch hier die Möglichkeit einer staatlichen Tätigkeit zur Verwirklichung von den Kultur- und Wohlfahrtszwecken dienenden sozialen Grundrechten offen gelassen[79].

Jellinek selbst scheint diese Konstruktion auch nicht auszuschließen und weist unter Bezugnahme auf die Tatsache, daß kraft besonderer Verhältnisse für gewisse Kategorien von Personen dem Anspruch auf Interessenbefriedigung und Interessenberücksichtigung ein breiterer Inhalt gewährt werden könne, selbst hin auf die „zahlreichen Ansprüche, welche für Mitglieder bestimmter Berufe durch die neueren sozial-politischen Gesetze geschaffen worden sind"[80].

Im Sinne eines traditionellen liberalen Rechtsstaatsdenkens wird allerdings von Jellinek diese Eventualität nicht weiter verfolgt. Soziale Klippen sucht man mit der von der Rechtsstaatstheorie des Liberalismus entwickelten und präzisierten Rechtsbehelfe und Rechtswege zu bewältigen. Es wird zwar die Möglichkeit weitergehender sozialer Ansprüche gegenüber dem Staat wohl als eine rechtlich mögliche Konstruktion erachtet, nicht aber für eine politisch wahrscheinliche Entwicklung gehalten. Daß damit neue Konsequenzen auftauchen würden, die das Gleichgewicht des Systems der subjektiv öffentlichen Rechte verlagern können, ist erst in der Zeit nach dem 2. Weltkrieg so richtig bewußt geworden.

Aus der Problematik der staatlichen Willensbildung und Willensausübung destilliert Jellinek als vierten Status den Status der aktiven Zivität und qualifiziert darin den Einzelnen in einer neuen Weise. Während das Individuum im negativen Status „vom Staate befreit" ist, ist es kraft des aktiven Status „für den Staat tätig". Zum Unterschied vom passiven Status, in dem es dem höheren Willen des Staates unterworfen

---

[78] *Jellinek*, a.a.O., S. 128.

[79] Günter *Dürig*, Verfassung und Verwaltung im Wohlfahrtsstaat, Juristenzeitung 1953, S. 197 f., spricht in Bezug auf den Sozialstaat von einem „öffentlichen status positivus socialis des Einzelnen auf das Existenzminimum".

[80] *Jellinek*, a.a.O., S. 134, Fußnote 2.

ist und keine Ansprüche an den Staat geltend machen konnte, ist das Individuum jetzt bei der Bildung dieses höheren staatlichen Willens beteiligt und hat aus dieser Tatsache auch „wichtige individuelle Forderungen an den Staat"[81]. Der individuelle Anspruch richtet sich dabei „auf die Zulassung zur Tätigkeit als Organ" des Staates[82], es ist der „Anspruch, zur Ausübung staatlicher Tätigkeit zugelassen, als Träger einer Organstellung anerkannt zu werden"[83]. Es geht dabei aber nicht wie beim status civitatis um ein Leisten von seiten des Staates, noch wie beim status libertatis auf ein Unterlassen staatlicher Machtausübung, sondern um ein „Anerkenntnis des Staates, für ihn wirksam werden zu können"[84]. Jellinek rechnet dem aktiven Status die sogenannten politischen Rechte zu und zählt dazu, der damaligen Zeit entsprechend, an erster Stelle das Monarchenrecht, dann das Recht des Regenten als Repräsentant des Monarchen, das Recht der republikanischen Staatsoberhäupter und Richter, das Wahlrecht bzw. die Anerkennung als Wähler, das Recht des Gewählten, das Recht nicht gewählter Parlamentsmitglieder, die Stimm- und Wahlrechte in der unmittelbaren Demokratie, die Ansprüche aus staatlichen Beamtungen, die Ansprüche der Repräsentanten und Beamten öffentlich-rechtlicher Verbände[85].

Nach dieser skizzenhaften Betrachtung des Jellinek'schen Systems der Grundrechte erkennen wir klar und deutlich die Freiheitsrechte als wichtigste Errungenschaft des Konstitutionalismus. Diese Grundrechte sind Freiheitsrechte, sie suchen die Freiheit des Einzelnen dadurch zu sichern, daß sie ihm die Freiheit vom Staat zu garantieren suchen, indem sie die Grenzen des Staates gegenüber dem Einzelnen angeben. Sie sind als liberale Grundrechte in die Geschichte des politischen Denkens eingegangen.

Die vom Liberalismus getragenen Freiheitsrechte, die vorwiegend in der Auseinandersetzung mit dem Absolutismus entstanden sind, werden durch politische Grundrechte des Einzelnen ergänzt, die Mitwirkungsrechte an der Staatwillensbildung sind und ihre geistesgeschichtliche Wurzel im Demokratismus haben. Der Bürger ist ja nach Jean Jaques Rousseau nicht allein sujet (Untertan), sondern auch citoyen (aktiver Bürger)[86]. Ihm stehen u. a. ein aktives und passives Wahlrecht, unmittelbare Volksrechte und das Recht der Ämterfähigkeit zu. Darin soll das

---

[81] *Jellinek*, a.a.O., S. 139.

[82] *Jellinek*, Allgemeine Staatslehre, S. 421.

[83] *Jellinek*, a.a.O., S. 421.

[84] *Jellinek*, a.a.O., S. 423.

[85] *Jellinek*, System, S. 147 ff.

[86] Jean Jacques *Rousseau*, Der Gesellschaftsvertrag I, 6.

Prinzip der Volkssouveränität, die Identität von Herrscher und Beherrschten ihren Ausdruck finden und dem Bürger die Freiheit im Staat sichern. Diese um die Sicherung der Freiheit im und vom Staat statuierten klassischen Grundrechte sind die positivierte Konsequenz jener neuzeitlichen Rechtsphilosophie, welche die Vernunft, sei es als Erkenntnismittel, sei es als Erkenntnisgrund, aufgefaßt hat und vor allem durch ihre Vertragstheorien ein formales Freiheitsideal schuf, wobei es dem Einzelnen überlassen bleibt, dieses durch die Geltendmachung der ihm zustehenden Rechte zu schützen. Die Grundfreiheiten und demokratischen Grundrechte sind somit Rechte und Pflichten des Einzelnen, die auf die Sicherung seiner Freiheit vom Staat und und im Staat abgestellt sind.

In der Staats- und Verwaltungspraxis eines konkreten politischen Gemeinwesens haben diese Grundrechte einen ganz bestimmten Inhalt und ihren festen Platz in der jeweiligen Rechtsordnung.

Ganz anders verhält es sich mit den sogenannten *sozialen Grundrechten*. Auch diese fundamentalen Rechte finden ihren präpositiven Grund in der Angst. War die Wirkkraft aller Forderungen, die zu der Statuierung der klassischen Grundrechte führte, die Angst vor dem Staat, ist es nun die Angst vor den Wechselfällen des Lebens; flüchtete man sich bis in die zweite Hälfte des 19. Jahrhunderts vor dem Staat, so sucht man heute, wenn auch in anderer Weise und auf anderem Gebiet, Zuflucht bei ihm. Der Ruf nach der Freiheit von der Not hat das stete Bemühen vergangener Jahrhunderte nach der Freiheit im und vom Staat vergessen lassen. Der Staat soll den Einzelnen vor den unvorhersehbaren Unbilligkeiten des Lebens schützen und sichern; neben die Freiheitsrechte treten soziale Grundrechte, die vom Staat das Gegenteil der klassischen Grundrechtsforderung des Unterlassens fordern, nämlich das positive Eingreifen und damit das Tätigwerden. Diese sozialen Grundrechte beschränken nicht die Staatsgewalt, sondern rufen sie vielmehr auf den Plan wobei sie für den Einzelnen die Freiheit durch den Staat zu sichern suchen.

Die industrielle Revolution und in ihrem Gefolge die soziale Frage des Arbeitertums haben die bürgerliche Gesellschaft des vorigen Jahrhunderts zwar mit sozialen und wirtschaftlichen Problemen des vierten Standes konfrontiert; die aber selbst erst kaum emanzipierte und durch die liberalen Grundrechte gesicherte bürgerliche Gesellschaft war zu sehr bedacht auf ihr eigenes jüngst erreichtes politisches Freiheitsideal, daß sie die Belange der unselbständig Erwerbstätigen nur in den seltensten Fällen zu einem neuen politischen Anliegen machte.

Wie einst die politischen monarchisch-absolutistischen Verhältnisse eine liberale Gegenbewegung herausforderten, die letztlich zu der Kodifikation von klassisch-liberalen Grundrechten und zur Ausbil-

dung des liberalen Rechtsstaates führte, provozieren jetzt die socio-
ökonomischen kapitalistisch-absolutistischen Verhältnisse eine soziale
Reaktion, die in der Folge zur Proklamation und Kodifikation von sozialen Grundrechten und zur Herausbildung des sozialen Rechtsstaates
führen sollte.

Es ist verständlich, daß das Bürgertum sich gegenüber den sozialen
Forderungen der Arbeiterklasse reserviert, ja oppositionell, verhielt,
standen doch bei Erfüllung der auf einem materialen Gleichheitsstreben gegründeten Forderungen der Arbeiterklasse bzw. ihrer politischen
Protagonisten und Vorkämpfer, die eben errungenen Freiheiten, und
hier insbesondere das Recht der Eigentumsfreiheit und das private individuelle Eigentum der Besitzenden überhaupt, auf dem Spiel.

Schon Locke hatte ja das Eigentum als auf dem Rechtstitel der Arbeit
beruhend aufgefaßt, und „da diese Arbeit das unbestreitbare Eigentum
des Arbeiters ist, kann niemand als er selbst ein Recht auf das haben,
womit diese Arbeit einmal verbunden worden ist, wo genug und ebenso
Gutes für den gemeinschaftlichen Besitz anderer vorhanden ist". Es ist
letztlich die Arbeit, die zwischen Individualeigentum und gemeinschaft-
lichem Besitz einen Unterschied setzt. Locke fährt fort: „Die Arbeit, die
die meinige war, etwas aus dem gemeinschaftlichen Zustand, in dem es
sich befand, zu versetzen, hat mein Eigentum daran festgestellt".[87]

Die soziale Bewegung des Chartismus knüpfte daran die Forderung
nach gerechtem Lohn für die geleistete Arbeit. Andere soziale Bewegungen wie die „Societé des droits de l'homme et du citoyen" in Frankreich
und verschiedene deutsche Arbeitervereine, wie die „Gesellschaft der
Menschenrechte" und der „Bund der Geächteten" forderten in Anlehnung an den Robespierre'schen Menschenrechtsentwurf und an die
Déclaration Jacobine vom Juni 1793 soziale Sicherheit und das Recht
auf Existenz und Entwicklung der menschlichen Anlagen und Gleichheit.

Um diese Zeit beginnt in Deutschland die soziale Frage politische
Dimensionen anzunehmen. Karl Marx bekämpfte in seiner Schrift „Zur
Judenfrage"[88] die sogenannten „Menschenrechte ... als die Rechte des
Mitglieds der bürgerlichen Gesellschaft, d. h. des egoistischen Menschen,
des vom Menschen und vom Gemeinwesen getrennten Menschen"[89]. Die
Freiheit, die die Menschenrechtsdeklaration proklamiert, ist die „Frei-
heit des Menschen als isolierter auf sich zurückgezogener Monade".
Die praktische Nutzanwendung dieses Rechtes des auf sich beschränk-

---

[87] John *Locke*, Zwei Abhandlungen über Regierung II, §§ 27—28.

[88] *Marx-Engels* Werke, Band I, Berlin Ost 1961, S. 347 ff.

[89] *Marx-Engels*, a.a.O., S. 364.

ten Individuums ist nach Marx das „Menschenrecht des Privateigentums"[90] und dieses Menschenrecht des Privateigentums bietet
die Möglichkeit, „ohne Beziehung auf andere Menschen, unabhängig
von der Gesellschaft, sein Vermögen zu genießen"[91]. Die Freiheit und
die Nutzanwendung derselben in Form des Privateigentums bilden die
Grundlage der bürgerlichen Gesellschaft. Hierin finde der Mensch
„nicht die Verwirklichung, sondern vielmehr die Schranke seiner Freiheit"[92]. Nach Marx ist die Sicherheit der „höchste soziale Begriff der
bürgerlichen Gesellschaft". Dadurch erhebe sich die bürgerliche Gesellschaft nicht über ihren Egoismus, sondern versuche nur, durch die
Sicherheit „die Versicherung ihres Egoismus" zu erreichen[93]. Diese
egoistischen Menschenrechte lassen daher eine Auffassung des Menschen
als Gattungswesen nicht zu[94].

Das Privatrecht endlich schütze die bestehenden Eigentumsverhält-
nisse als „Resultat des allgemeinen Willens"[95]. Marx hat aufgezeigt,
daß in der kapitalistischen Gesellschaft das „Eigentum ... andere ...
Funktionen angenommen hat als in der Epoche der einfachen Waren-
produktion, daß es durchaus gesellschaftsfeindlich, antisozial geworden"
sei[96]. Marx zeigt die Arbeit als im Wesen des Menschen gelegen auf,
weist aber darauf hin, daß im kapitalistischen System, „sie dem Menschen die Gattung" entfremde[97].

Es wird deutlich, daß Marx von einem ganz anderen Menschenbild
ausgeht, als es der Grundrechtsbewegung des liberaldemokratischen
Rechtsstaates eignet. Während jene vom Individuum als höchste Grundeinheit ausgeht und den Menschen in seiner Individualität und Persönlichkeit den politischen Aktionen und damit auch dem Recht zu Grunde
legt, stellt diese auf den Menschen als „Gattungswesen" ab, als Bestandteil der Gesellschaft, der sich nicht selbst genügen kann und will,
sondern die organisierte Gesellschaft zur Verwirklichung braucht, um
erst dann als „totaler Mensch" in der neuen gewordenen Gesellschaft
„ein reicher und tiefsinniger Mensch" zu sein[98].

---

[90] *Marx-Engels*, a.a.O., S. 364.
[91] *Marx-Engels*, a.a.O., S. 365.
[92] *Marx-Engels*, a.a.O., S. 365.
[93] *Marx-Engels*, a.a.O., S. 366.
[94] *Marx-Engels*, a.a.O., S. 366.
[95] *Marx-Engels*, a.a.O., Bd. III, S. 63.
[96] Karl *Renner*, Die soziale Funktion der Rechtsinstitute, Wien 1929, S. 81.
[97] *Mega* I, 3, S. 82 ff., nach Iring *Fetscher*, Der Marxismus, seine Geschichte
in Dokumenten, I, München 1962, S. 115 ff.
[98] Karl *Marx*, Nationalökonomie und Philosophie, S. 240 ff. nach Friedrich
Mordstein, Menschenbild und Gesellschaftsidee, Stuttgart 1966, S. 142.

Im kommunistischen Manifest des Jahres 1848 fordert Marx dann zum Angriff gegen die bestehende, von einer individualistischen Gesellschaftskonzeption getragene Staatsordnung auf. Und wiederum wird die „Eigentumsfrage, welche mehr oder minder entwickelte Form sie auch angenommen haben möge, als die Grundfrage der Bewegung" hervorgehoben[99].

Die kommunistische Revolution sollte daher als das „radikalste Brechen mit den überlieferten Eigentums-Verhältnissen"[100] eine klassenlose Gesellschaft bringen, „worin die freie Entwicklung eines Jeden, die Bedingung für die freie Entwicklung Aller ist"[101].

Die revolutionären Strömungen des ausgehenden 18. und 19. Jahrhunderts waren bestimmende Kräfte, die mit zur Forderung sozialer Grundrechte führten, für die als bemerkenswertestes Beispiel auf das *Recht auf Arbeit* näher eingegangen sei.

Es ist interessant, daß das Recht auf Arbeit bereits in der Französischen Revolution 1789 von Guy Jean Baptiste Traget[102] und Victor Pierre Malouet[103] gefordert wurde, es aber doch keine Aufnahme in die Erklärung der Menschenrechte gefunden hat. Francois-Noel Babeuf[104] stellt in seinem Manifest 1796 die Pflicht zur Arbeit heraus. Die Verfassung von 1791 sieht bereits ein Recht auf Arbeitsbeschaffung vor und die Verfassung von 1793 im Art. 21 ein Recht auf Existenz und notwendigen Unterhalt, das aber kein öffentlich-rechtlicher Anspruch ist. „Les secours publics sont une dette sacrée. La société doit la subsistance aux sitoyens malheureux, soit en leur procurant du travail, soit en assurant les moyens d'exister à ceux qui sont hord D'état de travailler."

Ähnliche Ansätze eines sozialen Grundrechtes finden sich in der Anerkennung der Arbeit, nur als Quelle für Eigentum, in der Verfassung der Cisalpinischen Republik Italien (Bonaparte) 1797, des Gebrauches der Kräfte, Arbeits-, Gewerbs- und Handelsfreiheit zum Erwerb von Eigentum in dem Entwurf zu einer Verfassung der Helvetischen Republik von 1799 und des Rechtes auf freie Wahl des Berufes, damit also der Auswahl der Arbeit und nicht des Rechtes auf Arbeit, in den Ver-

---

[99] Kommunistisches Manifest, London 1948, S. 23, Nachdruck Berlin (Ost) 1965.

[100] Kommunistisches Manifest, S. 15.

[101] Kommunistisches Manifest, S. 16.

[102] Guy Jean Baptiste *Target*, Entwurf zur Erklärung der Menschenrechte von 1789.

[103] Victor Pierre *Malouet*, siehe „Gazette Nationale" Nr. 31 vom 31. Juli 1789 und „Gazette Nationale" Nr. 32 vom 1. 8. 1789.

[104] Chr. *Mutafoff*, Zur Geschichte des Rechtes auf Arbeit, Berner Dissertation 1897, S. 9.

fassungen von Coburg 1821 und Hessen 1821. Theoretisch setzen sich im besonderen mit dem „droit au travail" Charles Fourier[105], der als erster die prägnante Formulierung „Recht auf Arbeit" gab, Simonde de Sismond[106], Viktor P. Considerant[107] und P. J. Proudhon[108] auseinander. Von besonderem politischen Einfluß wurde Louis Blanc[109], der für die Intervention des Staates zugunsten der Arbeiter eintrat, die Konkurrenz ablehnte, das Prinzip der „Assoziation" verlangte und unter dessen Einfluß die Revolutionsregierung 1848 zum Zweck der Sicherung der Existenz der Arbeiter durch die Arbeit ein Dekret erließ. Es wurden für kurze Zeit sogar Nationalwerkstätten (Ateliers nationaux) errichtet. Das Recht auf Arbeit setzte sich aber nicht durch, sondern vielmehr die Freiheit der Arbeit. Der Art. 13 der Verfassung Frankreichs vom November 1848 lautet: „La Constitution garantit aux citoyens la liberté du travail et de l'industrie."

In Deutschland trat als erster Johann Gottlieb Fichte[110] für das Recht auf Arbeit ein. Er versuchte aus dem Naturrecht einen Rechtsanspruch gegen den Staat auf Leben und Arbeit abzuleiten. Der Staat ist nach ihm zur Verteilung der Arbeit verpflichtet. Interessant ist bei Fichte auch die Verbindung der Arbeit mit dem Eigentumserwerb. Im positiven Recht haben diese Gedanken keinen Niederschlag gefunden. Als etwa Arbeiter und Handwerker 1848 in der Nationalversammlung in der St. Paulskirche von Frankfurt eine Adresse des Inhaltes überreichten, der Staat sei verpflichtet, jedem, der arbeiten wolle, für eine entsprechende Arbeit und einen angemessenen Lohn zu bürgen, wurde dieses Petitum mit 317 gegen 114 Stimmen abgelehnt. Daneben wurde aber das Recht auf Arbeit zum Gegenstand mehrerer theoretischer Ausführungen gemacht, z. B. von Franz Stromeyer[111], Franz Stöpel[112] und

---

[105] Charles *Fourier*, Théorie des quatre mouvements et des destinées générales, Paris 1841 und *derselbe* Théorie de l'Unité universelle, Paris 1843.

[106] Simonde *de Sismondi*, Nouveaux Principes d'Economie politique, Paris 1827.

[107] V. P. *Considerant*, Destinée sociale, 3. Bd., Paris 1837 und *derselbe* Théorie du droit de propriété et du droit au travail, Paris 1848.

[108] P. J. *Proudhon*, Die Gerechtigkeit in der Revolution und in der Kirche, 2. Bd., Hamburg-Zürich 1858, und *derselbe*, Was ist das Eigentum? Berlin 1896.

[109] Louis *Blanc*, Organisation du travail, Paris 1839, und *derselbe*, Projet d'organisation du travail, Paris 1848.

[110] Siehe Johann Gottlieb *Fichte*, Grundlage des Naturrechts, I. u. II. Teil, Jena-Leipzig 1796; *derselbe*, Der geschlossene Handelsstaat, Jena 1809; *derselbe*, Beitrag zur Berichtigung der Urteile des Publikums über die Französische Revolution, Bern 1844.

[111] Franz *Strohmeyer*, Die Organisation der Arbeit, Konstanz 1844.

[112] Franz *Stöpel*, Das Recht auf Arbeit, in: Soziale Reform, III. Teil, Leipzig 1884, und *derselbe*, Die freie Gesellschaft, Chemnitz 1881.

Anton Menger[113]. Erst die Weimarer Verfassung von 1919 hat den Ansatz eines Rechtes auf Arbeit im Art. 163 gelegt: „Jedem Deutschen soll die Möglichkeit gegeben werden, durch wirtschaftliche Arbeit seinen Unterhalt zu erwerben. Soweit ihm angemessene Arbeitsgelegenheit nicht nachgewiesen werden kann, wird für seinen notwendigen Unterhalt gesorgt." Dieses Recht auf Arbeit mußte der Pflicht zur Arbeit weichen, als in Deutschland auf Grund der Verordnungen vom 26. Juni 1938 und 13. Februar 1939 der Arbeitszwang der Dienstverpflichtung eingeführt wurde.

Zum Gegenstand ernster politischer Bemühungen, die über das bloß Programmatische hinausgehen, ist das Recht auf Arbeit in Deutschland nicht gemacht worden. Als scheinbare Ausnahme mag vielleicht die von Otto von Bismarck in der Sitzung des Deutschen Reichstages vom 9. Mai 1884, anläßlich der Beratung eines Gesetzesentwurfes betreffend die Gültigkeitsdauer des Gesetzes von 1878 „gegen die gemeingefährlichen Bestrebungen der Sozialdemokratie" gehaltene Rede gelten, in welcher er erklärte: „Geben Sie dem Arbeiter Arbeit, solange er gesund ist, geben Sie ihm das Recht auf Arbeit, solange er gesund ist, geben Sie ihm Pflege, wenn er krank ist, sichern Sie ihm Vorsorge, wenn er alt ist". Der Zusammenhang dieser Rede aber zeigt, daß es Bismarck damals weniger um die Sicherung des gesamten Rechtes auf Arbeit als eines subjektiv-öffentlichen Rechtes, das jedem Einzelnen eine Entfaltung seiner Persönlichkeit gewährt, gegangen ist, als vielmehr um einen Teilaspekt desselben, nämlich um das Recht auf Arbeitsbeschaffung: „Wenn Notstände eintreten, so glaube ich, ist der Staat auch heute noch verpflichtet, daß er dieser seiner Verpflichtung, arbeitslosen Bürgern, die Arbeit nicht finden können, solche zu beschaffen, wohl nachkommen kann. Er läßt Aufgaben ausführen, die sonst aus finanziellen Bedenken vielleicht nicht ausgeführt werden würden, ich will sagen, große Kanalbauten, oder was dem ähnlich ist. Es gibt ja eine Menge außerordentlich nützlicher Einrichtungen anderer Art"[114].

Gegenwärtig findet sich das Recht auf Arbeit ansatzweise im Verfassungsrecht der Bundesrepublik Deutschland. Das Grundgesetz kennt zwar kein verfassungsmäßiges Recht auf Arbeit, sondern sieht bloß im Art. 12 das Recht auf freie Berufswahl und das Verbot der Zwangsarbeit vor. Daneben nennen aber einige der deutschen Landesverfassungen in vorsichtigen Formulierungen ein Recht auf Arbeit, so die Verfassung von Bayern (Art. 166 und 168), Berlin (Art. 12), Bremen

---

[113] Anton *Menger*, Das Recht auf den vollen Arbeitsertrag in geschichtlicher Darstellung, Stuttgart und Berlin 1910.

[114] Stenographischer Bericht über die Verhandlungen des Reichstages 1884, Bd. 1, S. 481 ff.

(Art. 49), Hessen (Art. 28), Nordrhein-Westfalen (Art. 24), Rheinland-Pfalz (Art. 53) und des Saarlandes (Art. 45).

Betrachtet man diese nur kurz skizzierte, aber sehr bunte Geschichte des Rechtes auf Arbeit, so wird auch in diesem unvollständigen Überblick die Mannigfaltigkeit der Wesenszüge dieses Rechtes deutlich; es kann sowohl ein Recht auf Existenz, Beschäftigung, auf einen Arbeitsplatz, auf gerechte Arbeitsbedingungen, wie auf Arbeitsvermittlung und Berufsberatung beinhalten. Eine genaue und allumfassende Positivierung dieses wohl sehr bedeutenden und in der politischen Auseinandersetzung oft zitierten sozialen Grundrechtes hat es bisher nicht gegeben. Die Europäische Sozialcharta unternimmt einen Versuch hiezu.

II. Der Weg zur Europäischen Sozialcharta

Die Grundrechte sind Ausdruck eines Gerechtigkeitsstrebens und tragen wesentlich zu einem geordneten, ausgeglichenen Zusammenleben der Menschen im staatlichen Verband bei. Wie alles Recht, das als qualifizierte Ordnung menschliches Verhalten regelt, nach bestimmten Gerechtigkeitsstrukturen ausgerichtet ist, versuchen auch die Grundrechte, ein Gerechtigkeitsideal zu erreichen und zu sichern. Dabei sind die Rechtsordnung eines Staates und insbesondere die Grundrechte der Ausdruck einer bestimmten Rechtsidee[1]. Je nach nationalen Verhältnissen, dem socio-ökonomischen Entwicklungsgrad und je nach dem Stand der wissenschaftlichen Erkenntnis und Forschung über Wesen und Ziel der Gesellschaft und des Staates wird eine nationale Rechtsordnung mehr oder weniger einem naturrechtlichen Gerechtigkeitsideal entsprechen. Das Streben nach einem solchen Ideal ist der menschlichen Natur[2] immanent; die Bemühungen in den verschiedenen Staaten haben bereits so große Dynamik erreicht, daß nunmehr versucht wird, auf übernationaler, das heißt, regionaler oder weltweiter Ebene einen internationalen Standard zu erreichen, der das menschliche Gerechtigkeitsstreben auch im Bereich der Völkerrechtsordnung verwirklichen hilft.

Die *Grundrechte* der Menschen, deren Gewährung und Garantie bisher als Angelegenheit der staatlichen Rechtsordnung angesehen wurde, *erfahren* in zunehmendem Maße eine *Internationalisierung* der Art, daß durch das Völkerrecht den Staaten Bindungen und Verpflichtungen auferlegt werden, die in erhöhtem Ausmaß die Menschenwürde der Individuen schützen. Verstärkt werden diese Bemühungen durch eine Erweiterung der Funktion des Völkerrechts[3]. Während früher das Völkerrecht fast ausschließlich von Grundsätzen der politischen, wirtschaftlichen und technischen Zweckmäßigkeit beherrscht war, tritt in den heutigen Bemühungen der internationalen Staatengemeinschaft immer

---

[1] Zur Rechtsidee siehe Gustav *Radbruch*, Rechtsphilosophie, 6. Auflage, Stuttgart 1963, insbes. S. 124 ff., 168 ff., 187 ff. und 352 ff., sowie Herbert *Schambeck*, Ordnung und Geltung, Österr. Zeitschrift für öffentliches Recht NF Bd. XI (1961), S. 472 ff.

[2] Siehe Johannes *Messner*, Das Naturrecht, 5. Auflage, Innsbruck-Wien-München 1966.

[3] Beachte Alfred *Verdross*, Völkerrecht, 5. Auflage, Wien 1964, S. 563.

stärker das Ringen um ein bestimmtes Menschenbild hervor. Wie jede Rechtsetzung beziehen sich auch völkerrechtliche Normen mittelbar und immer mehr auch unmittelbar auf das Verhalten der Menschen. Der Einzelne ist das letzte Glied einer normativen Bezugskette, die über die Staatsverfassung in das Völkerrecht reicht. Als menschliche Ordnung kommt daher auch im Völkerrecht eine bestimmte Rechtsidee[4] zum Ausdruck, die nicht nur formalen, sondern auch materialen Charakter hat, denn auch das Völkerrecht ist ebenso wie „jedes verbindliche positive Recht in überpositiven Werten grundgelegt"[5]. Dem positiven Recht — und daher auch dem Völkerrecht — sind nicht nur die Menschen und ihre Beziehungen vorgegeben, sondern auch „alle Wertungen, die durch die allgemeine menschliche Natur bestimmt sind"[6].

Eine Einheit des rechtlichen Weltbildes[7] rückt immer näher, und es hat den Anschein, als wäre es auch Aufgabe der Staatengemeinschaft, im und durch das Völkerrecht ein einheitliches soziales Weltbild durchzusetzen, welches von einer sozialen Weltgerechtigkeit geprägt wird[8]. Ein „harmonisches Zusammenleben"[9] ist nämlich nur in einer solchen Ordnung möglich, welche den sozialen Frieden sichert und die sozialen Reibungen auf ein Minimum herabdrückt[10].

Ansätze zu einer Beachtung der Menschenrechte im Völkerrecht, d. h. des Schutzes der Menschenrechte durch das Völkerrecht, finden sich in dem sich schon seit dem 19. Jahrhundert entwickelndem Grundsatz der *Intervention aus Gründen der Menschlichkeit* (intervention d'humanité)[11]; man sah in diesem Prinzip eine Verpflichtung der Staatengemeinschaft, gegen Staaten vorzugehen, die ihren Angehörigen die Gewährung des Schutzes elementarer Menschenrechte verwehren. Im Verbot des Sklavenhandels durch den Wiener Kongreß von 1815 kommt der Gedanke der Humanität im Völkerrecht ebenfalls zum Durchbruch. Große Bedeutung hat aber der Gedanke der Achtung elementarster Menschenrechte im Kriegsrecht gefunden. Obwohl sich bereits durch das Völkergewohnheitsrecht verschiedene humanitäre Grundsätze herausgebildet hatten[12], wurden erst durch verschiedene Konventionen aus-

---

[4] So auch *Verdross*, a.a.O., S. 13 ff.

[5] *Verdross*, a.a.O., S. 29.

[6] *Verdross*, a.a.O., S. 20.

[7] Siehe dazu Alfred *Verdross*, Die Einheit des rechtlichen Weltbildes auf Grundlage der Völkerrechtsverfassung, Tübingen 1923.

[8] Gerhard *Schnorr*, Das Arbeitsrecht als Gegenstand internationaler Rechtsetzung, München-Berlin 1960, S. 29.

[9] *Verdross*, Völkerrecht[5], S. 19.

[10] So auch Hans *Kelsen*, General Theory of Law and State, Cambridge Mass. 1949, S. 22.

[11] *Verdross*, a.a.O., S. 127.

[12] *Verdross*, a.a.O., S. 443.

drückliche Verbotsnormen statuiert, die „die Leiden des Krieges soweit mildern, als es die militiärischen Interessen gestatten"[13]. Von besonderer Wichtigkeit sind die Genfer Konventionen vom 22. August 1864[14] und 6. Juli 1906[15] und die Haager Abkommen vom 29. Juli 1899[16] und 18. Oktober 1907 mit der Landkriegsordnung[17]. Es konnte zwar keine komplexe Nutzanwendung des Menschlichkeitsgebotes auf das gesamte Kriegsrecht erreicht werden, jedoch sind die Kriegführenden durch die Präambel des IV. Haager Abkommen neben den Grundsätzen des Völkerrechts auch den „Gesetzen der Menschlichkeit" (lois de l'humanité) und den Forderungen des öffentlichen Gewissens (exigences de la conscience publique) verpflichtet[18], so daß dadurch das Kriegsrecht im humanitären Sinn ergänzt erscheint.

Wesentlich zum Schutze der Menschenrechte hat auf internationaler Ebene auch das Hilfswerk des Roten Kreuzes beigetragen[19].

Durch die Konventionen zum Kriegsrecht und im weiteren Sinne auch durch die Arbeit des Roten Kreuzes wird zwar ein gewisser Schutz der Menschenrechte erreicht, aber erst nach Eintritt eines Extremzustandes, — nämlich eines Krieges — der aber gerade durch rechtzeitige völkerrechtliche Vorkehrungen verhindert werden sollte[20], wozu auch die Beachtung der Menschenrechte und Grundfreiheiten des Einzelnen durch die Staatengemeinschaft gehört.

Nach dem ersten Weltkrieg erhielt die Idee der Menschenrechte in Form von Schutzbestimmungen für sprachliche, nationale und religiöse Minderheiten und die Bevölkerung der dekolonisierten Mandatsgebiete erneuten Auftrieb. Nachdem sich schon seit dem 19. Jahrhundert Schutzbestimmungen für religiöse und nationale Minderheiten herausgebildet

---

[13] Präambel zum IV. Haager Abkommen vom 18. 10. 1907 betreffend die Gesetze und Gebräuche des Landkrieges, in Friedrich *Berber*, Völkerrecht,, Dokumentensammlung II, München-Berlin 1967, S. 1893.

[14] Österr. RGBl. Nr. 97/1866.

[15] Österr. RGBl. Nr. 191/1911.

[16] Österr. RGBl. Nr. 173—176/1913.

[17] Österr. RGBl. Nr. 180/1913.

[18] Siehe Fußnote 13.

[19] Max *Huber*, Völkerrechtliche Grundsätze, Aufgaben und Probleme des Roten Kreuzes, Schweizer Jahrbuch für Internationales Recht, 1944, S. 11 ff.

[20] Siehe dazu die einschlägigen Bestimmungen in der Völkerbundsatzung, insbesondere Art. 11 und Art. 12, die ein Kriegsverbot und die Verpflichtung zur friedlichen Streiterledigung statuieren, Text bei *Berber*, Völkerrecht Dokumentensammlung I, S. 1 ff., und die Charta der Vereinten Nationen, insbesondere Art. 2, der im Punkt 4 ein grundsätzliches allgemeines Gewaltverbot ausspricht, Text bei *Berber*, Völkerrecht Dokumentensammlung I, S. 13 ff., und die Mitglieder verpflichtet, ihre internationalen Streitigkeiten durch friedliche Mittel so beizulegen, daß der Weltfriede, die internationale Sicherheit und die Gerechtigkeit nicht gefährdet werden (Punkt 3).

hatten[21], wurden in einzelne Pariser Vororteverträge Minderheitenschutzbestimmungen aufgenommen[22]. Ein generelles Minderheiten-
schutzrecht konnte sich aber nicht durchsetzen, weil z. B. Staaten mit
großen Minderheiten, wie Frankreich, Italien und Belgien, solche Verpflichtungen nicht übernahmen und auch in die Völkerbundsatzung
keine Minderheitenschutzbestimmungen aufgenommen wurden[23], so daß
der Minderheitenschutz keine Einrichtung des allgemeinen Völkerrechtes wurde[24].

Der Schutz einzelner Menschenrechte, wie der Glaubens- und Gewissensfreiheit, und die Abstellung von Mißbräuchen, wie des Sklavenhandels, wurde auch in den auf Grund der Völkerbundsatzung abgeschlossenen Mandatsverträgen angestrebt. Auch hierbei kam es allerdings nicht zu einer universellen Durchsetzung dieser humanitären und
ethischen Grundsätze, weil sie nicht auf die Kolonien der siegreichen
Alliierten angewandt wurden[25].

In den Jahren nach dem zweiten Weltkrieg wurden unter dem unmittelbaren Eindruck der Schrecknisse der zwei Weltkriege, die Bemühungen um eine *weltweite Sicherung der Grundrechte* der Menschen inten-
siviert. Im Rahmen der UNO und anderer internationaler Organisationen wurden Deklarationen und Konventionen ausgearbeitet, deren
erklärtes Ziel es ist „to protect human rights by the rule of law"[26] und
Verhältnisse herbeizuführen, „in denen jeder seine wirtschaftlichen,
sozialen und kulturellen Rechte so gut wie seine Bürgerrechte und
politischen Rechte genießen kann"[27].

Als besonders schutzwürdig erwies sich in der Folge der industriellen
Revolution des 19. Jahrhunderts die Stellung des Arbeiters. Soziale

---

[21] Vor allem Art. 1, Abs. 2 der Wiener Schlußakte vom 9. 6. 1815, der den
Polen in Österreich, Preußen und Rußland eine nationale Vertretung und
nationale Einrichtung zusichert, nach *Verdross*, Völkerrecht[5], S. 559. Vorbildlich war zum Beispiel auch die innerstaatliche Regelung des Minderheiten-
problems in der österreichisch-ungarischen Monarchie, siehe dazu Felix
Ermacora, Handbuch der Grundfreiheiten und Menschenrechte, Wien 1963,
S. 525 ff. mit weiterer Literatur.

[22] Zum Beispiel im Vertrag von St. Germain mit Österreich und im Friedensvertrag von Trianon mit Ungarn, nicht aber im Friedensvertrag von Versailles mit Deutschland.

[23] Georg *Dahm*, Völkerrecht I, Stuttgart 1958, S. 397 f.

[24] *Verdross*, a.a.O., S. 560.

[25] *Dahm*, a.a.O., S. 560.

[26] Präambel der Universal Declaration of Human Rights der Generalversammlung der Vereinten Nationen vom 10. 12. 1948, zitiert nach *Berber*, Völkerrecht, Dokumentensammlung, I, S. 917 ff.

[27] Präambel der UNO Konvention über wirtschaftliche, soziale und kulturelle Rechte vom 16. 12. 1966, Text im Journal der internationalen Juristenkommission, Jg. 1967, Vol. VIII, Nr. 1, S. 59 ff. und bei Andreas *Khol*, Der
Menschenrechtskatalog der Völkergemeinschaft, Wien-Stuttgart 1968, S. 50.

Bewegungen nahmen sich des Loses der Arbeiter an und wirkten auf die Verbesserung des Arbeitsschutzes im nationalen Bereich hin. Im deutschen Reich war dieser Bewegung auch die staatliche Gesetzgebung weitestgehend entgegengekommen, so daß von einem sozialpolitischen Vorsprung Deutschlands im 19. Jahrhundert gesprochen werden kann[28].

Schon frühzeitig begann sich auch die Arbeitnehmerschaft international zu organisieren und zu solidarisieren. Die Gründung der Internationale und die über die Landesgrenzen greifenden gewerkschaftlichen Bewegungen trugen wesentlich dazu bei, das soziale Gewissen der Industriestaaten aufzurütteln und soziale Schutzmaßnahmen für die Arbeiterklasse einzuführen. So kam es schon 1890 in Berlin zur Einberufung einer internationalen Arbeitskonferenz und im Jahre 1900 zur Gründung einer internationalen Vereinigung für Arbeitsrecht und im Jahre 1901 zur Schaffung eines internationalen Arbeitsamtes[29]. 1905 und 1906 wurden in Bern internationale Arbeitsschutzkonferenzen abgehalten, deren Ergebnis ein multilaterales Arbeitsschutzabkommen zur Begrenzung der Nachtarbeit der Frau beziehungsweise ein Verbot der Verwendung von weißem Phosphor in Zündholzfabriken war.

Diese humanitären und sozialethischen Grundsätze fanden nach dem ersten Weltkrieg vermehrte Beachtung. Anstrengungen zum Schutze der Arbeit wurden jetzt mit viel größerem Nachdruck unternommen. Insbesondere waren es hier wiederum die Gewerkschaften, die noch während des Krieges eine Verbesserung des Loses der arbeitenden Menschen forderten. Als Ziel sollte bei den künftigen Friedensverhandlungen eine internationale Sicherung der Stellung der Arbeiter angestrebt werden[30]. In der Völkerbundsatzung (Art. 23 a) und in den einzelnen Friedensverträgen fanden diese Bemühungen ihren Niederschlag. Nach Art. 23 a werden die Bundesmitglieder verpflichtet „angemessene und menschliche Arbeitsbedingungen für Männer, Frauen und Kinder zu schaffen und aufrechtzuerhalten, sowohl in ihren eigenen Gebieten, wie in allen Ländern, auf die sich ihre Handels- und Gewerbebeziehungen erstrecken und zu diesem Zwecke die erforderlichen internationalen Stellen zu errichten und zu unterhalten".

Eine Präzisierung wurde in den einzelnen Artikeln der Friedensverträge von Versailles (für Deutschland) und St. Germain (für Österreich) im XIII. Teil, Abschnitt II, Art. 372 ausgesprochen:

---

[28] So Hans *Maier*, Ältere deutsche Staatslehre und westliche politische Tradition, Tübingen 1966, S. 34.

[29] Siehe zu dieser Entwicklung *Dahm*, Völkerrecht II, S. 703 ff. und *Shotwell* (Hrsg.), The origins of the International Labor Organisation, 2 Bände, 1934.

[30] *Dahm*, Völkerrecht II, S. 705, Nachweise bei *Shotwell*, a.a.O.

1. Der oben erwähnte leitende Grundsatz, daß die Arbeit nicht lediglich als Ware oder Handelsgegenstand angesehen werden darf.

2. Das Recht des Zusammenschlusses zu allen nicht dem Gesetz zuwiderlaufenden Zwecken, sowohl für Arbeitnehmer als auch für Arbeitgeber.

3. Die Bezahlung der Arbeiter mit einem Lohn, der ihnen eine nach der Auffassung ihrer Zeit und ihres Landes angemessene Lebensführung ermöglicht.

4. Annahme des Achtstundentages oder der Achtundvierzigstundenwoche als zu erstrebendes Ziel überall da, wo es noch nicht erreicht ist.

5. Die Annahme einer wöchentlichen Arbeitsruhe von mindestens 24 Stunden, die nach Möglichkeit jedesmal den Sonntag einschließen soll.

6. Die Beseitigung der Kinderarbeit und die Verpflichtung, die Arbeit Jugendlicher beiderlei Geschlechts so einzuschränken, wie es notwendig ist, um ihnen die Fortsetzung ihrer Ausbildung zu ermöglichen und ihre körperliche Entwicklung sicherzustellen.

7. Der Grundsatz gleichen Lohnes ohne Unterschied des Geschlechtes für eine Arbeit von gleichem Werte.

8. Die in jedem Lande über die Arbeitsverhältnisse erlassenen Vorschriften haben allen im Lande sich erlaubterweise aufhaltenden Arbeitern eine gerechte wirtschaftliche Behandlung zu sichern.

9. Jeder Staat hat einen Aufsichtsdienst einzurichten, an dem auch Frauen teilnehmen, um die Durchführung der Gesetze und Vorschriften für den Arbeiterschutz sicherzustellen[31].

Im Rahmen des Völkerbundes sollte die gleichfalls neugeschaffene Internationale Labour Organisation (ILO) zur Verwirklichung dieser sozialpolitischen Grundsätze beitragen. Obwohl sie keine selbständige Organisation war, erlangte sie im Laufe der Zeit weitgehende Unabhängigkeit vom Völkerbund, was auch in der verschiedenen Mitgliedschaft bei ILO und Völkerbund zum Ausdruck kam. Die Wirksamkeit der ILO kommt in einer großen Zahl von Übereinkommen und Empfehlungen zum Ausdruck, die als große internationale Arbeitsrechtskodifikation angesehen werden kann[32]. Die Förderung des Wohles der Arbeiter und damit die Sicherung ihrer elementaren sozialen Rechte hat zu einer Lösung vieler sozialer Probleme beigetragen; der Schutz durch

---

[31] Staatsvertrag von St. Germain, StGBl. Nr. 303/1920, Art. 372.
[32] *Schnorr*, a.a.O., S. 30.

das internationale Arbeitsrecht, das durch die ILO-Konventionen herausgebildet wurde, hat dazu ganz wesentlich beigetragen[33].

Auf der Konferenz von Philadelphia wurden noch während des Krieges am 10. 5. 1944 die Grundsätze des Weltarbeitsrechtes neu formuliert. Es tritt jetzt das Bemühen um die Verbesserung der Lebenshaltung, Vollbeschäftigung und die Teilnahme an den Früchten des Fortschrittes und am Kulturleben gegenüber dem negativen Ziel der ILO in den Jahren nach dem 1. Weltkrieg, der Beseitigung der Not und die Sorge um das materielle Existenzminimum, stärker hervor[34].

Einen weiteren Schritt in der Herausbildung einer neuen Sozialgerechtigkeit auf internationaler Ebene stellt nach dem 2. Weltkrieg die Schaffung der Organisation der Vereinten Nationen dar. Im Glauben „an die Grundrechte der Menschen, an Würde und Wert der menschlichen Persönlichkeit" versprechen die Gründungsstaaten der UNO in der Präambel der Charta am 26. Juni 1945, „Bedingungen zu schaffen, unter denen Gerechtigkeit und die Achtung vor den Verpflichtungen aus Verträgen und anderen Quellen des Völkerrechts gewahrt werden können, den sozialen Fortschritt und einen besseren Lebensstandard in größerer Freiheit zu fördern". Für diese Zwecke wollen sie „internationale Einrichtungen in Anspruch nehmen, um den wirtschaftlichen und sozialen Fortschritt aller Völker zu fördern". Die Vereinten Nationen setzen sich auch das Ziel (Art. 1, P. 3), „eine internationale Zusammenarbeit herbeizuführen, um internationale Probleme wirtschaftlicher, sozialer, kultureller und humanitärer Art zu lösen und die Achtung vor den Menschenrechten und Grundfreiheiten für alle ohne Unterschied der Rasse, des Geschlechtes, der Sprache oder der Religion zu fördern und zu festigen".

Um Stabilität und Wohlfahrt herbeizuführen, fördern die Vereinten Nationen auch „die Verbesserung des Lebensstandards, eine Vollbeschäftigung und die Voraussetzungen für wirtschaftlichen und sozialen Fortschritt und Aufstieg" (Art. 55 a).

Diesen Anliegen dienen auch die im Rahmen der UN-Charta errichteten Sonderorganisationen (Art. 57) wie z. B. die Welternährungs-, Weltgesundheits- und Weltlandwirtschaftsorganisation sowie das Internationale Arbeitsamt.

Das Bemühen um den internationalen Schutz der Grundrechte der Menschen findet in der Charta der Vereinten Nationen und in der

---

[33] Siehe näher Rudolf Aladar *Metall*, Der völkerrechtliche Schutz sozialer Grundrechte durch die internationale Arbeitsorganisation, in: Festschrift für Hans Schmitz, Wien-München 1967, Bd. I, S. 196 ff. mit weiteren Hinweisen.

[34] *Dahm*, Völkerrecht II, S. 706 f., siehe den Text der Erklärung von Philadelphia bei *Berber*, Völkerrecht, Dokumentensammlung I, S. 233 ff.

Allgemeinen Erklärung der Menschenrechte vom 10. Dez. 1948 ihren Ausdruck.

Eine Konkordanz des Tenors dieser Erklärung von Philadelphia, die als Bestandteil der Verfassung der ILO erklärt wurde, mit der Allgemeinen Erklärung der Menschenrechte der Generalversammlung der Vereinten Nationen vom 10. Dezember 1948 ist leicht festzustellen. Auch in der Menschenrechtserklärung der UNO wird von Sozialer Sicherheit (Art. 22) und von Anspruch auf eine Lebenshaltung, die Gesundheit und Wohlbefinden gewährleistet (Art. 25) gesprochen.

Die Erklärung der Menschenrechte durch die UN-Generalversammlung steht am Beginn eines neuen weltweiten Bemühens, die bisher nur durch einzelne nationale Rechtsordnungen geschützten klassischen Menschenrechte, die sogenannten Freiheitsrechte, auf weltweiter Ebene zu proklamieren und zu garantieren. Man fordert gleichzeitig die Ausgestaltung der sogenannten Freiheitsrechte (z. B. Schutz vor willkürlicher Verhaftung und Ausweisung, Anspruch auf rechtliches Gehör, Freizügigkeit, Meinungs- und Informationsfreiheit, Versammlungs- und Vereinsfreiheit), aber auch die Statuierung verschiedener sogenannter sozialer Rechte, wie das Recht auf soziale Sicherheit, das Recht auf Arbeit, auf Schutz vor Arbeitslosigkeit und Anspruch auf bezahlten Urlaub.

Die im staatlichen Bereich allmählich entwickelten verschiedenartigen Grundrechte sind mit der Allgemeinen Erklärung der Menschenrechte durch die UNO in Form eines abgeschlossenen idealen Katalogs auf die übernationale Ebene transponiert worden. Ihr Wert wird allerdings durch die nur deklaratorische Bedeutung erheblich herabgemindert. Trotzdem bleibt die Allgemeine Erklärung der Menschenrechte weiterhin Ansporn und Leitbild für weitere Kodifikationsbemühungen über die Ausgestaltung der Menschenrechte auf internationaler Ebene.

So können etwa die Konvention über die Verhütung und Bestrafung des Völkermordes[35] und die Konvention über die Verringerung der Mehrstaatigkeit und über die Wehrpflicht von Mehrstaatern[36] als konkrete Ergebnisse und nähere Ausführungen dieses in der Allgemeinen Erklärung der Menschenrechte aufgestellten Standards angesehen werden.

Die Konvention über wirtschaftliche, soziale und kulturelle Rechte und die Konvention über bürgerliche und politische Rechte und das Fakultativprotokoll zur Konvention über bürgerliche und politische Rechte, die am 16. Dez. 1966 von der Generalversammlung der Verein-

---

[35] *Berber*, Völkerrecht, Dokumentensammlung I, S. 924 ff.
[36] *Berber*, Völkerrecht, Dokumentensammlung I, S. 1067 ff.

ten Nationen als Entwurf angenommen und zur Ratifizierung aufgelegt wurden, sind ein weiterer Meilenstein in der Ausgestaltung des Schutzes der Menschenrechte auf weltweiter Ebene[37].

Aber auch diese Konventionen werden erst wirksam, wenn sie von mindestens fünfunddreißig Staaten unterzeichnet und ratifiziert worden sind. Erst drei Monate nach der Hinterlegung der 35. Ratifizierungsurkunde tritt die jeweilige Konvention, aber auch wieder nur für die Mitgliedsstaaten des Abkommens, in Kraft.

Bis zu einer weltweiten Geltung dieser Konventionen wird es noch ein langer Weg sein. Die Verschiedenartigkeit der sozialen, wirtschaftlichen, kulturellen und politischen Verhältnisse in den verschiedenen Staaten wurde zwar dadurch berücksichtigt, daß zwei getrennte Konventionen ausgearbeitet wurden, so daß von einem Staat jeweils nur die eine oder andere Konvention mit oder ohne Fakultativprotokoll ratifiziert werden könnte. Die Rechte der einen entsprechen mehr den westlichen-freiheitlichen Vorstellungen, während die Konvention über wirtschaftliche, soziale und kulturelle Rechte mehr der östlichen sozialistischen Staatsauffassung entspricht. Auch die jahrelangen Bemühungen um das Zusammenkommen der Kodifikationen mögen als Gradmesser für die zu erwartenden Schwierigkeiten für eine universelle Geltung dieser internationalen Grundrechtskonventionen angesehen werden.

Ein anderer Nachteil dieser Konventionen ist auch der geringe Rechtsschutz, den sie gewähren. Die Staaten sind zwar nach dem Inkrafttreten des von ihnen ratifizierten Abkommens völkervertragsrechtlich verpflichtet, den Bestimmungen Folge zu leisten und auch ihre Rechtsordnung auf die Konvention abzustellen, jedoch sind die vorgesehenen Kontrollmittel z. B. nicht so sehr ausgebaut wie der Rechtsschutz der Europäischen Menschenrechtskonvention[38], die zur Sicherstellung der Einhaltung der Verpflichtungen, welche die Vertragsparteien in dieser Konvention unternommen haben, eine Europäische Kommission und einen Gerichtshof für Menschenrechte errichtet hat[38].

Die Konventionen der UNO legen den Weg für einen stärkeren Schutz des Individuums durch das Völkerrecht frei. Das Völkerrecht sollte bisher nur die Beziehungen der Staaten untereinander regeln. Demgemäß wurde es auch bezeichnet als „Kreis von Normen, die den Verkehr zwischen zwei oder mehreren Gemeinwesen, die keiner über

---

[37] Siehe dazu Andreas *Khol*, Der Menschenrechtskatalog der Völkergemeinschaft, Wien-Stuttgart 1968.

[38] Heribert *Golsong*, Das Rechtssystem der europäischen Menschenrechtskonvention, Karlsruhe 1958.

ihnen stehenden Zentralinstanz unterworfen sind, regeln"[39] oder als
„Inbegriff jener Rechtsnormen, welche die zwischenstaatlichen Beziehungen regeln"[40].

Durch die neuere Entwicklung im Völkerrecht wird auch der einzelne
Mensch als Völkerrechtssubjekt teilweise anerkannt und im „beschränk-
ten Umfang zur Teilnahme an völkerrechtlichen Rechten und Pflichten
zugelassen"[41]. Trotzdem stehen den Individuen besondere Rechte, seien
es auch Grundrechte freiheitlicher oder sozialer Prägung, im internationalen Bereich nur kraft Zulassung durch Willenseinigung der Staaten
auf vertraglichem oder auf gewohnheitsrechtlichem Wege zu[42].

Die Einräumung und die Garantie von Grundrechten der Menschen
durch das Völkerrecht ist als großer Schritt in die Richtung eines
universalen Weltrechtsstaates anzusehen, der als „reale Utopie" den
Staaten der Welt immer wieder neuer Ansporn zur Verwirklichung des
großen Zieles der Menschheit sein sollte, nämlich ein Leben in Frieden
und Sicherheit auf der Grundlage des Rechtes führen zu können.

Auf Grund der sozialen Verschiedenheiten der Staaten der Welt
ist eine Homogenität im Völkerrecht auf universaler Basis nicht möglich. Es zeigt sich, daß „diese Erde noch immer eine äußerst mannigfal-
tige, verschiedene und komplizierte Welt ist", in der es „sehr verschiedene Naturrechte" gibt[43]. Verglichen mit dem staatlichen Recht eignet
dem Völkerrecht notwendigerweise auch der Charakter der Unvollstän-
digkeit. Dem Völkerrecht mangelt es ja auch den innerstaatlichen
Rechtsetzungs- und Rechtsdurchsetzungsorganen vergleichbaren Einrichtungen.

Der Umfang des Geltungsbereiches völkerrechtlicher Normen ist aber
nicht nur an formale Voraussetzungen gebunden, sondern in ungleich
größerem Maße als im staatlichen Bereich an die soziologischen Grundlagen, denn „je weiter der Personenkreis, desto geringer die Gemein-
samkeiten"[44].

---

[39] Alfred *Verdross*, in: Wörterbuch des Völkerrechts und der Diplomatie,
hrgb. von Karl Strupp, Bd. III, Berlin und Leipzig 1929, S. 183.

[40] Paul *Guggenheim*, Lehrbuch des Völkerrechts, Basel 1948, Bd. I, S. 1.

[41] *Berber*, Völkerrecht I, S. 177.

[42] *Berber*, Völkerrecht I, S. 175.

[43] Josef L. *Kunz*, Pluralismus der Naturrechte und Völkerrechte, ÖZöR,
Bd. VI, N. F. 1955, S. 215; siehe auch Alfred *Verdross*, Die Wertungsgrund-
lagen des Völkerrechts, in: Archiv des Völkerrecht IV, 1953—1954, S. 129 f.
und Herbert *Schambeck*, Idee und Lehren des Naturrechts, in: Naturordnung,
Festschrift für Johannes Messner, Innsbruck-Wien-München 1961, S. 437 ff.

[44] Gustav Adolf *Walz*, Wesen des Völkerrechts und Kritik der Völkerrechts-
leugner, Stuttgart 1930, S. 260.

Es ist daher verständlich, daß sich auf Grund verschiedener soziologischer Strukturierung der Völker partikulares Recht bildet. Je nach wirtschaftlichen, sozialen, kulturellen, geographischen und ethnischen Grundlagen werden verschiedene Gruppen von Staaten ihre Rechtsbeziehungen untereinander verschieden gestalten.

Im Völkervertragsrecht findet diese Tatsache in der Vielfalt von bilateralen und multilateralen Verträgen bildhaften Ausdruck, aber auch im Völkergewohnheitsrecht kann es zur Bildung von partikulärem Recht kommen. Es ist daher gerechtfertigt, von universellem oder von partikulärem Völkerrecht zu sprechen[45].

Die im vorangehenden aufgezeigten Bestrebungen waren durchwegs Bemühungen zur Sicherung der Menschenrechte auf einer universalen Grundlage. Der Geltungs- und Anwendungsbereich der in den bisher aufgezählten Erklärungen und Konventionen enthaltenen Sollenssätzen ist auf alle Staaten der Welt abgestellt. Es muß aber festgehalten werden, daß diese aufgezählten Rechtsquellen nur insofern für alle Staaten verbindlich werden, als sie von ihnen auch angenommen und ratifiziert wurden. Eine universale Annahme und Beachtung insbesondere der drei letzten UNO-Konventionen wird aber als zu erstrebendes Ziel angesehen. Diese Konventionen stehen nämlich „jedem Mitgliedstaat der Vereinten Nationen, jedem Mitgliedstaat einer Spezialorganisation, jedem Staat, der das Statut des Internationalen Gerichtshofes anerkannt hat und jedem anderen Staat zur Unterschrift oder zum späteren Beitritt offen, der von der Generalversammlung der Vereinten Nationen eingeladen wird, Teilnehmerstaat dieser Konvention zu werden"[46]. Daraus geht hervor, daß alle Staaten der Erde in den prospektiven Teilnehmerkreis der Konventionen einbezogen sind. Betont wird diese Universalität in der Charta der Vereinten Nationen, wenn es in Art. 3 heißt, daß Mitglied alle „friedliebenden Staaten werden können, welche die Verpflichtungen aus dieser Charta übernehmen und nach dem Urteil der Organisation fähig und willens sind, diese Verpflichtungen zu erfüllen" und wenn die Generalversammlung der UNO die Allgemeine Erklärung der Menschenrechte „als das von allen Völkern und Nationen zu erreichende gemeinsame Ideal" bezeichnet.

Neben der Organisierung der Staatengemeinschaft auf der Grundlage eines universellen Völkerrechtes findet sich, je nach Kulturkreis verschieden, eine verschieden starke Ausprägung des Rechtsdenkens

---

[45] Vgl. *Dahm*, Völkerrecht I, S. 3 ff. und *Verdross*, Völkerrecht[5], S. 130.

[46] Vgl. die Art. 26 (1) der Konvention über wirtschaftliche, soziale und kulturelle Rechte, Art. 48 (1) der Konvention über bürgerliche und politische Rechte und Art. 8 (8) des Fakultativprotokolls zur Konvention über bürgerliche und politische Rechte.

und Rechtswesens[47]. Im westeuropäischen Raum, der schon immer eine sehr hohe Rechtskultur entwickelt hat, ist daher auch der Gedanke des völkerrechtlichen Schutzes der Menschenrechte wesentlich weiter entwickelt als auf weltweiter Ebene. Durch die geographische, historische und kulturelle Gemeinsamkeit hat sich auch eine weitgehende Gemeinsamkeit im Rechtsdenken herausgebildet, welche wiederum auf dem Gebiete der Menschenrechte zu einer stärkeren Ausbildung von Rechtsinstituten auch auf überstaatlicher Ebene geführt hat. Ihr wichtigstes Ergebnis sind *zwei* Konventionen: Die Europäische Konvention zum Schutz der Menschenrechte und Grundfreiheiten, die am 4. November 1950 in Rom unterzeichnet wurde, und die Europäische Sozialcharta, welche am 4. November 1961 in Turin von bevollmächtigten Vertretern von 13 der 16 Mitgliederstaaten des Europarates unterzeichnet wurde.

Schon vorher am 5. Mai 1949 haben die Regierungen Belgiens, Dänemarks, Frankreichs, Irlands, Italiens, Luxemburgs, der Niederlande, Norwegens, Schwedens und Großbritanniens für die Verwirklichung der Menschenrechte auf europäischer Basis durch die Gründung des Europarates den Grund gelegt. In der Präambel zur Satzung[48] gaben sie der Überzeugung Ausdruck, „daß zum Schutze und zur fortschreitenden Verwirklichung dieses Ideals und zur Förderung des sozialen und wirtschaftlichen Fortschrittes zwischen den europäischen Ländern, die von demselben Geist beseelt sind, eine engere Verbindung hergestellt werden muß".

„Durch den Abschluß von Abkommen und durch gemeinschaftliches Vorgehen auf wirtschaftlichem, sozialem, kulturellem und wissenschaftlichem Gebiet und auf den Gebieten des Rechts und der Verwaltung sowie durch den Schutz und die Fortentwicklung der Menschenrechte und Grundfreiheiten" sollten die Organe des Europarates (Ministerkomitee, beratende Versammlung, Sekretariat) auch den wirtschaftlichen und sozialen Fortschritt fördern (Art. 1). Außerdem ist jedes Mitglied verpflichtet, „allen Personen im Bereiche seiner Jurisdiktion die Menschenrechte und Grundfreiheiten zu gewähren" (Art. 3).

Innerhalb dieser Organisation, dem *Europarat*, entstanden auch die Entwürfe für die beiden großen europäischen Menschenrechtskodifikationen, die Europäische Menschenrechtskonvention und die Europäische Sozialcharta.

Die Entstehungsgeschichte der ersten der beiden Konventionen reicht zurück bis vor die Annahme der Menschenrechtserklärung durch die Generalversammlung der UNO, als nämlich im Mai 1948 die Vertreter

---

[47] Siehe dazu *Kunz*, a.a.O., S. 195 ff.
[48] Text bei *Berber*, Völkerrecht, Dokumentensammlung I, S. 357 ff.

der europäischen Einigungsbewegung zu dem Europakongreß in Den Haag zusammentraten und als Grundlage eines europäischen Zusammenschlusses den Abschluß einer Europäischen Menschenrechtskonvention forderten[49].

Nach der Annahme der Allgemeinen Erklärung der Menschenrechte durch die UN-Generalversammlung erhielten die Kodifikationsbemühungen im Rahmen des Europarates verstärkten Auftrieb. Die Arbeiten innerhalb der Vereinten Nationen haben den mit der Formulierung der Europäischen Menschenrechtskonvention im Rahmen des Europarates befaßten Gremien nicht nur als Vorbild gedient, sondern es sind auch in großem Umfang die bereits vorliegenden Arbeitsergebnisse für den Menschenrechtspakt übernommen worden[50].

Die Grundlage für die Europäische Menschenrechtskonvention ist daher einerseits in den Vorarbeiten der Kommissionen der Vereinten Nationen (die erst am 16. Dezember 1966 zur Beschlußfassung über die drei Vertragsentwürfe durch die UN-Generalversammlung führten) zu sehen, andererseits wurden eingehende eigene Erörterungen dort geführt, wo keine Vorschläge der UN-Menschenrechtskommission vorlagen[51].

Bereits das Statut des Europarates betont in der Präambel die Verbundenheit der Länder des freien Europas mit den „geistigen und sittlichen Werten", die ihr gemeinsames Erbe sind. In der Präambel zur Europäischen Menschenrechtskonvention wird ebenfalls auf dieses „gemeinsame Erbe an geistigen Gütern, politischen Überzeugungen, Achtung der Freiheit und Vorherrschaft des Gesetzes" Bezug genommen. Schon im ersten Satz der Präambel wurde auch auf die universelle Erklärung der Menschenrechte durch die Generalversammlung der Vereinten Nationen vom 10. 12. 1948 Bezug genommen. Die Zielsetzung dieser universellen Erklärung, nämlich „die universelle und wirksame Anerkennung und Einhaltung der Menschenrechte" sollte durch die Europäische Menschenrechtskonvention von den Mitgliedstaaten dieser regionalen Konvention verwirklicht werden.

Eigene Wege ging man bei der Europäischen Menschenrechtskonvention insbesondere auch hinsichtlich des Rechtsschutzes. Erstmalig sollte auf zwischenstaatlicher Ebene den in ihren durch die Europäische Men-

---

[49] Siehe dazu Karl Josef *Partsch*, Die Entstehung der europäischen Menschenrechtskonvention, Zeitschrift für ausländisches öffentliches Recht und Völkerrecht, Band 15 (1953/1954), S. 631 ff. mit weiteren Hinweisen.

[50] Karl Josef *Partsch*, Die Rechte und Freiheiten der europäischen Menschenrechtskonvention, in: *Bettermann-Neumann-Nipperdey*, Die Grundrechte, Berlin 1966, Band I, 1. Halbband, S. 245.

[51] *Partsch*, a.a.O., S. 246.

schenrechtskonvention garantierten Rechten verletzten Individuen nach
Erschöpfung des innerstaatlichen Rechtsweges Schutz durch eine internationale Instanz gewährt werden. Nach eingehenden Erörterungen und
Beratungen und nach anfänglichen Widerständen gegen die Einrichtung
eines Rechtsschutzes für Individuen auf internationaler Ebene[52] kam
es doch zur Errichtung einer Kommission und eines eigenen Gerichtshofes, die auch auf Grund einer Individualbeschwerde tätig werden
sollten[53].

In der Zwischenzeit sind im Rahmen des Europarates auch vier Zu-
satzprotokolle ausgearbeitet worden, die die Konvention in einigen
Punkten näher ausführen und ergänzen sollen[54].

Das zweite große, bedeutende Vertragswerk, das vom Europarat ausgearbeitet wurde, ist die Europäische Sozialcharta. Nach den Worten des
Ministerkomitees des Europarates in einer Sonderbotschaft an die Konsultativversammlung sollte das Komitee „sich bemühen, eine Europäische Sozial-Charta auszuarbeiten, die die sozialen Ziele, die unsere
Mitglieder anstreben, kundtut und die Politik des Rates auf dem Gebiet
der sozialen Rechte bestimmt, auf dem sie eine Ergänzung zur Europäischen Konvention der Menschenrechte und Grundfreiheiten dar-
stellt. Die Vorbereitung dieser Charta wird einem Sozial-Komitee an-
vertraut, welches über Form und Inhalt dieses Dokumentes entscheiden
wird und insbesondere erwägen wird, ob sie neben allgemeinen Prinzipien bestimmtere Vorschriften enthalten soll, die für die Unterzeich-
ner verpflichtend sind"[55].

Aus dieser Botschaft geht hervor, daß die Europäische Sozialcharta
ein Pendant bzw. eine Ergänzung zur Europäischen Menschenrechtskonvention auf dem Sektor der sozialen Rechte des Einzelnen sein sollte
und somit eine enge Verbindung zur Menschenrechtskonvention
besteht[56]. Während die Europäische Menschenrechtskonvention die
herkömmlichen als klassisch zu bezeichnenden Grundrechte schützt, die
ein Nichteingreifen des Staates in gewisse Freiheiten des Einzelnen
garantieren, ist die Europäische Sozialcharta auf einen neuen Grund-
rechtsbegriff abgestellt. Es sollen auf Grund dieser neuen Art von

---

[52] *Partsch*, Die Entstehung der Europäischen Menschenrechtskonvention,
S. 645 und S. 654.

[53] Artikel 19 ff.

[54] Zum Zusatzprotokoll vgl. Willibald P. *Pahr*, Das vierte Zusatzprotokoll
zur Menschenrechtskonvention, JBl. 86, 1964, S. 187 ff.

[55] Sonderbotschaft des Ministerkomitees an die Konsultativversammlung
des Europarates, betreffend die zukünftige Tätigkeit des Europarates auf allen Gebieten, vom 20. 5. 1954. Doc. Nr. 238 der 6. Session der Konsultativversammlung.

[56] *Partsch*, Die Rechte und Freiheiten, S. 252.

Grundrechten, dem Einzelnen vom Staat positive Leistungen zugesichert werden, die ihm in den Wechselfällen des Lebens als Daseinsgarantie dienen sollen. Um solche sozialen Grundrechte, die ein bestimmtes Handeln, eine bestimmte qualifizierbare Leistung des Staates im Dienste des Einzelnen verlangen, geht es in der Europäischen Sozialcharta.

Schon vorher waren in die Allgemeine Erklärung der Menschenrechte soziale Rechte des Einzelnen aufgenommen worden (vgl. Art. 22—28), die aber nach übereinstimmender Lehre und Praxis nur als Programmsätze keine bindende Wirkung auf die einzelnen Staaten haben[57]. Im Gegensatz dazu sollte die Europäische Sozialcharta auch eine Rechtspflicht der Mitgliedsstaaten zur Ausgestaltung ihrer Sozialordnung nach einem sozialen Mindeststandard konstituieren.

Die Förderung sozialpolitischer Anliegen hatte inzwischen durch die immer mehr zunehmende wirtschaftliche Integration der Staatengemeinschaft neue Akzente bekommen. Im europäischen Raum waren es die Verträge über die Wirtschaftsorganisation der Europäischen Gemeinschaft für Kohle und Stahl (Montanunion)[58], EWG[59], Euratom[60], OEEC bzw. OECD[61], L'Union economique Benelux[62], die ebenfalls sozialpolitische Anliegen neben den wirtschaftlichen und wirtschaftspolitischen Bestrebungen verfolgten.

Allerdings wurde auch durch diese arbeits- und sozialrechtlichen Nebenbestimmungen in einzelnen europäischen Wirtschaftsverträgen keine so weitgehende Beeinflussung der einzelstaatlichen Sozialordnung angestrebt, wie sie der Europäischen Sozialcharta als Ziel vor Augen schwebt.

Um zu einem richtigen Verständnis der *Europäischen Sozialcharta* zu kommen, ist es notwendig, sich ihre *Entstehungsgeschichte* zu vergegenwärtigen. Um den Intentionen des zitierten Memorandums nach Vorbereitung der Charta entsprechen zu können, wurde gleichzeitig

---

[57] Statt aller *Verdross*, Völkerrecht, S. 565.

[58] Art. 56, 68, 69 des Vertrages über die Gründung der Europäischen Gemeinschaft für Kohle und Stahl, Text bei *Berber*, Völkerrecht, Dokumentensammlung I, S. 391 ff.

[59] Art. 48—51, 117—122, 123—128 des Vertrages zur Gründung der Europäischen Wirtschaftsgemeinschaft, Text bei *Berber*, a.a.O., S. 441 ff.

[60] Art. 2 b, g, Art. 30—39, 165 des Vertrages zur Gründung der Europäischen Atomgemeinschaft vom 25. 3. 1957, Text bei *Berber*, a.a.O., S. 519 ff.

[61] Art. 8 des Vertrages über die Organisation für die europäische wirtschaftliche Zusammenarbeit vom 10. August 1951, dtsch. BGBl. 1951, Teil II, S. 173. Durch Art. 15 des Übereinkommens über die Organisation für wirtschaftliche Zusammenarbeit und Entwicklung vom 14. 12. 1960 ging die Rechtspersönlichkeit der OEEC auf die OECD über, Text bei *Berber*, a.a.O., S. 650 ff.

[62] Art. 1, 2, 8, Traité instituant l'Union économique Benelux vom 3. 2. 1958. Text bei *Berber*, a.a.O., S. 591.

ein Sozialkomitee geschaffen, welches sich aus hohen, sachlich kompetenten Regierungsbeamten der Mitgliedsstaaten des Europarates zusammensetzte. Daneben bestand auch ein Sozialausschuß der beratenden Versammlung, welcher im Oktober 1955 der beratenden Versammlung einen ersten Entwurf vorlegte[63]. Die Arbeiten in dem letzteren Ausschuß waren von sozial-progressiven Kräften bestimmt. Dementsprechend enthielt der Entwurf auch Bestimmungen, die als unannehmbar empfunden wurden, wie z. B. das Recht der Mitbestimmung bei der Betriebsführung, oder die Errichtung eines Europäischen Wirtschafts- und Sozialrates, der u. a. aus Arbeitgeber- und Arbeitnehmervertretern zusammengesetzt sein sollte und der auch die Durchführung der Charta hätte überwachen sollen[64]. Dieser erste Entwurf wurde dann von der Versammlung auch nicht gutgeheißen. In Zusammenarbeit mit dem Wirtschaftskomitee wurde vom Sozialkomitee der Beratenden Versammlung im April ein zweiter Entwurf vorgelegt[65], über den aber ebenfalls keine Einigung erzielt werden konnte.

In gemeinsamen Beratungen mit dem neu hinzugekommenen politischen Komitee wurde vom Sozial- und Wirtschaftskomitee ein dritter Entwurf ausgearbeitet und der Versammlung im September 1956 vorgelegt[66], der aber ebenfalls wegen seiner radikalen Forderungen nicht angenommen wurde.

In der Zwischenzeit hatte sich auch das aus Regierungsvertretern bestehende Sozialkomitee des Ministerkomitees intensiv mit den Kodifikationsproblemen beschäftigt und dem Ministerkomitee über seine Arbeiten Bericht erstattet. Im Gegensatz zu den Vorschlägen des Sozialkomitees der beratenden Versammlung waren diese Vorschläge konservativer und sahen auch keine rechtliche Verpflichtung der Vertragsstaaten vor[67]. Die beiden Entwürfe wurden als Arbeitsgrundlage für künftige Kodifikationsbemühungen angesehen. Das Ministerkomitee verabschiedete auch eine diesbezügliche Resolution, in der es sein Sozialkomitee anwies[68].

1. To direct its work in this field, in consultation with European employers' und trade union organisations, towards the establishment of a European Social Charter, taking into account the draft appended to Recommendation 104 of the Consultative Assembly and the deliberations of the Assembly;

---

[63] Europarat Dokument Nr. 403 vom 26. 10. 1955.
[64] Vgl. F. *Tennfjord*, The European Social Charter — An Instrument of Social Collaboration in Europe, Annuaire européen IX (1961), S. 73.
[65] Europarat Dokument Nr. 488 vom 14. 4. 1956.
[66] Europarat Dokument Nr. 536 vom September 1956.
[67] *Tennfjord*, a.a.O., S. 74.
[68] Resolution (56) 25.

2. To determine whether and, if so, how far, definite and detailed provisions binding upon the signatory States could be incorporated in the Charter, by providing for its implementation by stages and by recognising that this may be effected by means of collective agreement or other appropriate means as well as by legislation;

3. ....

4. To consider measures for the implementation of the Social Charter such as will enable employers' and trade union organisations to assist in supervising its implementation.

Im Februar 1958 beendete das Sozialkomitee seine Beratungen und legte einen diesen Empfehlungen entsprechenden Entwurf vor.

Um in einem erweiterten Sachverständigenkreis diffizile Problemstellungen der Kodifikation differenziert erörtern zu können, wurde vom Ministerkomitee die Internationale Arbeitsorganisation um Einberufung einer „Drei-Parteien-Konferenz" ersucht[69]. Unter dem Vorsitz der IAO wurde in Straßburg im Dezember 1958 eine gemeinsame Arbeitskonferenz abgehalten. Bei den Beratungen wirkten neben den Regierungsvertretern auch Arbeitnehmer- und Arbeitgebervertreter mit. Die Konfrontation mit den entsprechenden IAO-Standards wirkte sich für die Arbeit dieses Gremiums sehr befruchtend aus und brachte eine Präzisierung der Verpflichtungen der Vertragsparteien.

Der Entwurf mit den Straßburger Abänderungsvorschlägen wurde in der beratenden Versammlung neuerlich behandelt. Vom Sozialkomitee des Ministerrates wurde der von der beratenden Versammlung übermittelte neue Entwurf wiederum überarbeitet, und in drei Sitzungen im April, September und Dezember 1960 der endgültige Text der Europäischen Sozialcharta formuliert. Das Ministerkomitee genehmigte diese Fassung, die am 18. Oktober 1961 in Turin im Palazzo Madama in einem feierlichen Akt von 13 der damals 16 Mitgliedstaaten des Europarates unterzeichnet wurde.

Der lange und komplizierte Entwicklungsgang des Entwurfes der Sozialcharta beweist schon die Schwierigkeiten, die einer solchen umfassenden Kodifikation entgegenstanden. Die sozialen und wirtschaftlichen Verhältnisse in den Mitgliedstaaten des Europarates mußten ebenso berücksichtigt werden wie die Verschiedenheit der Rechtssysteme

---

[69] Gemäß einem Abkommen des Europarates mit der IAO vom 23. 11. 1951 wird dem Europarat das Recht eingeräumt, im Bedarfsfalle den Verwaltungsrat der IAO zu ersuchen, eine „Drei-Parteien-Konferenz" einzuberufen. Zum Ergebnis dieser Konferenz vgl.: The European Social Charter and International Labour Standards, International Labour Review, Vol. LXXXIV (1961), S. 354 ff. und S. 462 ff.

der einzelnen Staaten[70]. Die Kodifikationskommissionen mußten zwischen mehreren Lösungskonzepten wählen. Man war einerseits vor die Frage gestellt, ob man, wie es die Allgemeine Erklärung der Menschenrechte getan hatte, lediglich Grundsätze ohne verpflichtende Wirkung für die Staaten aufstellen sollte, um damit den Rechts- und Sozialordnungen aller Mitgliedsstaaten entsprechen zu können, oder ob durch die Europäische Sozialcharta höhere sozialreformerische Ansprüche erfüllt werden sollten. Im ersteren Fall wäre mit einer baldigen Ratifikation der Europäischen Sozialcharta zu rechnen gewesen, während bei der zweiten Alternative der Ratifikation und der völkerrechtlichen Verpflichtung und damit verbunden der innerstaatlichen Geltung größere Schwierigkeiten von Seiten der verschiedenen nationalen Rechtsordnungen entgegengestanden wären.

Letzten Endes wurde ein Kompromiß eingegangen, der sowohl den inhaltlichen als auch den formalen Aufbau der Charta mitbestimmte.

Unter dem moderierenden Einfluß der im Sozialkomitee des Ministerkomitees vertretenen Ministerialbeamten waren die Ergebnisse der Kodifikationsbemühungen eher vorsichtiger formuliert[71], vor allem auch deswegen, um die Charta der Ratifikation durch möglichst viele Staaten zugänglich zu machen.

Die *Europäische Sozialcharta gliedert sich* in eine Präambel, in fünf Teile und einen Anhang. Die Präambel nimmt Bezug auf die gemeinsamen Ideale und Grundsätze, die ihr gemeinsames Erbe sind und die zu fördern das Ziel des Europarates ist. Insbesondere sollen durch die Erhaltung und Weiterentwicklung der Menschenrechte und Grundfreiheiten der wirtschaftliche und soziale Fortschritt der Mitgliedstaaten gefördert werden. Es wird weiters darauf Bezug genommen, daß die Mitgliedsstaaten des Europarates in der am 4. November 1950 zu Rom unterzeichneten Europäischen Konvention zum Schutz der Menschenrechte und Grundfreiheiten und in dem am 20. März 1952 zu Paris unterzeichneten Zusatzprotokoll übereingekommen sind, ihren Völkern die darin angeführten bürgerlichen und politischen Rechte und Freiheiten zu sichern. In der Erwägung, daß auch die „Ausübung sozialer Rechte sichergestellt werden muß, und zwar ohne Diskriminierung aus Gründen der Rasse der Hautfarbe, des Geschlechtes, der Religion, der politischen Meinung, der nationalen Abstammung oder der sozialen Herkunft", sind die Unterzeichnerregierungen übereingekommen, „gemeinsam alle Anstrengungen zu unternehmen, um durch geeignete Einrichtungen und Maßnahmen den Lebensstandard ihrer Bevölkerung in Stadt und Land zu verbessern und ihr soziales Wohl zu fördern". Diese

---

[70] The European Social Charter I, a.a.O., S. 355.
[71] The European Social Charter I, a.a.O., S. 356.

Zielsetzung deckt sich inhaltlich auch mit der Allgemeinen Erklärung der Menschenrechte durch die UN-Generalversammlung bzw. ist auch im Einklang mit den Formulierungen der Draft Covenants on Economic, Social and Cultural Rights and on Civil and Political Rights[72].

Eine materielle Ausführung dieser Zielsetzungen bringen die Teile I und II, während sich die Durchführungsvorschriften im Teil III und IV finden, Teil V enthält Schlußbestimmungen.

Teil I enthält in 19 Punkten eine kursorische Aufzählung der durch die Charta zu gewährenden Rechte. Allerdings sind diese nur als Ziele für die staatliche und zwischenstaatliche Politik angeführten Rechte und Grundsätze für die Staaten nicht verbindlich. Im Teil II folgt dann eine genauere inhaltliche Determinierung der Grundsätze des ersten Teiles in 19 Artikeln. Korrespondierend zum Teil I sind sie im Teil II nur konkreter gefaßt, so daß auch eine Verpflichtung darüber von den Staaten eingegangen werden kann. Es sind dies folgende Rechte: Das Recht auf Arbeit (Art. 1), auf gerechte Arbeitsbedingungen (Art. 2), auf sichere und gesunde Arbeitsbedingungen (Art. 3), auf ein gerechtes Arbeitsentgelt (Art. 4), das Vereinigungsrecht (Art. 5), das Recht auf Kollektivverhandlungen (Art. 6), der Kinder und Jugendlichen auf Schutz (Art. 7), der weiblichen Arbeitnehmer auf Schutz (Art. 8), auf Berufsberatung (Art. 9), auf berufliche Ausbildung (Art. 10), auf Schutz der Gesundheit (Art. 11), auf soziale Sicherheit (Art. 12), auf soziale und ärztliche Hilfe (Art. 13), auf Inanspruchnahme sozialer Dienste (Art. 14), das Recht der körperlich und geistig Behinderten auf Berufsausbildung, Rehabilitation und gesellschaftliche Wiedereingliederung (Art. 15), der Familie auf sozialen und wirtschaftlichen Schutz (Art. 16), der Mütter und Kinder auf sozialen und wirtschaftlichen Schutz (Art. 17), auf Ausübung einer Erwerbstätigkeit im Hoheitsgebiet anderer Vertragsparteien (Art. 18), und das Recht der Wanderarbeiter und ihrer Familien auf Schutz und Beistand (Art. 19).

Teil III legt die Verpflichtungen der Vertragsparteien aus der Charta fest. Danach haben sie Teil I der Charta als eine Erklärung der Ziele anzusehen, die sie mit allen geeigneten Mitteln verfolgen werden. In diesem Abschnitt wird in den Verfahrensvorschriften ein Kompromiß zwischen sozialprogressiven und sozialkonservativen Kräften sichtbar. Nach diesen Bestimmungen hat jeder Staat mindestens fünf von sieben aufgezählten Artikeln des Teiles II der Charta als für sich bindend anzusehen. Es sind dies Artikel 1 (Recht auf Arbeit), Artikel 5 (Vereinigungsrecht), Artikel 6 (Recht auf Kollektivverhandlungen), Artikel 12

---

[72] Die erst am 16. 12. 1966 von der Generalversammlung der UNO beschlossen und zur Ratifikation aufgelegt wurden, Text bei *Khol*, a.a.O., S. 50 ff.

(Recht auf soziale Sicherheit), Artikel 13 (Recht auf Fürsorge), Artikel 16 (Recht der Familie auf sozialen, gesetzlichen und wirtschaftlichen Schutz) und Artikel 19 (Recht der Wanderarbeiter und ihrer Familien auf Schutz und Beistand). Zusätzlich zu den fünf ausgewählten Artikeln hat jede Vertragspartei „so viele Artikel oder numerierte Absätze des Teiles II der Charta auszuwählen und als für sich bindend anzusehen, daß die Gesamtzahl der Artikel oder numerierten Absätze, durch die sie sie gebunden ist, mindestens zehn Artikel oder 45 numerierte Absätze beträgt". Es müssen hiernach von den restlichen zwölf Artikeln des Teiles II weitere fünf ausgewählt werden. Daneben besteht auch die Möglichkeit, nur bestimmte Absätze von Artikeln auszuwählen, deren Gesamtzahl dann fünfundvierzig betragen muß.

Dieses Auswahlverfahren ermöglichte es den Staaten, die restlichen Artikel stufenweise anzunehmen. Es ist damit den Staaten Gelegenheit geboten, einstweilen nur diejenigen Verpflichtungen auf sich zu nehmen, die sie wirklich zu erfüllen in der Lage sind[73].

Die übrigen Bestimmungen können nach entsprechender Angleichung der Sozial- und Rechtsordnung der Staaten an den vorgeschriebenen Standard zu einem späteren Zeitpunkt jederzeit angenommen werden. Diese später übernommenen Verpflichtungen werden durch eine an den Generalsekretär des Europarates zu richtende Notifikation begründet und gelten als Bestandteil der Ratifikation (Art. 20/3).

Teil IV beinhaltet Kontrollbestimmungen zur Einhaltung der Charta. Er ist hauptsächlich auf das Berichtssystem gestützt[74]. Das Ministerkomitee kann auf Grund der Berichte und der Gutachten von Ausschüssen aber lediglich „alle notwendigen Empfehlungen" an die betreffende Vertragspartei richten. (Art. 29).

Teil V enthält eine sogenannte „Notstandsklausel" (Art. 30), wonach sich unter gewissen Voraussetzungen die Vertragspartner von Verpflichtungen der Charta befreien können. Artikel 31 enthält Bestimmungen der Art, daß die in Artikel I und II niedergelegten Rechte und Grundsätze Einschränkungen nur unterliegen, „wenn diese gesetzlich vorgeschrieben und in einer demokratischen Gesellschaft zum Schutze der Rechte und Freiheiten anderer oder zum Schutze der öffentlichen Sicherheit und Ordnung, der Sicherheit des Staates, der Volksgesundheit und Sittlichkeit notwendig sind".

---

[73] Diese Auswahlmethode folgt dem Beispiel einiger IAO-Konventionen, z. B. der Konvention Nr. 110 aus 1958 betreffend die Arbeitsbedingungen von Plantagenarbeitern; siehe dazu The European Social Charter II, a.a.O., S. 463.

[74] Ähnlich auch in der Satzung der IAO, Art. 22 ff. und der UNO, Art. 62 (2) und 64.

Ähnlich wie sich in den Verfassungen zu den Grundrechten der Gesetzesvorbehalt findet, können hier durch eine ähnliche Konstruktion ebenfalls Einschränkungen der sozialen Rechte vorgenommen werden, ohne daß aber diese Einschränkungen näher bestimmt sind. Die gleichen Einschränkungsmöglichkeiten finden sich auch in der Europäischen Menschenrechtskonvention. Der Rechtssprechung der Europäischen Menschenrechtskommission zu den Artikeln 6 (1), 8 (2), 9 (2), 10 (2) und 11 (2) der Europäischen Menschenrechtskonvention kann man eine Präzisierung und Umschreibung dieser Einschränkungsmöglichkeiten entnehmen und diese auch bei der Europäischen Sozialcharta für anwendbar erachten[75].

Der Teil V enthält Bestimmungen über das Verhältnis der Charta zum innerstaatlichen Recht sowie zu anderen internationalen Übereinkünften (Günstigkeitsklausel, über die Erfüllung einzelner Bestimmungen der Charta durch Gesamtarbeitsverträge (Art. 33), über den räumlichen Geltungsbereich (Art. 34), über Unterzeichnung, Ratifizierung und Inkrafttreten (Art. 35) und über die Möglichkeit, Änderungen vorzunehmen (Art. 36) bzw. die Charta zu kündigen (Art. 37).

---

[75] Siehe dazu die bei Andreas *Khol*, Die europäische Sozial-Charta und die österreichische Rechtsordnung angeführten Beispiele, Juristische Blätter, S. 78, Fn. 39.

III. Die Rechte der Europäischen Sozialcharta

Einen wichtigen Schritt zur Sicherung der Subjektstellung des Einzelnen im Sozial- und Wirtschaftsgeschehen versucht die Europäische Sozialcharta durch die Statuierung von sozialen Grundrechten zu setzen. Betrachtet man die Nennung und Reihung dieser sozialen Grundrechte, so muß festgestellt werden, daß sie sich teilweise überschneiden und gegeneinander nicht genügend dogmatisch abgewogen sind.

Als scheinbar wichtigstes soziales Grundrecht steht das *Recht auf Arbeit* an erster Stelle (Artikel 1). In vier Punkten wird im Teil II der Charta dazu ein Programm für eine Beschäftigungspolitik aufgestellt, worin die Vertragsparteien verpflichtet werden, zur „Verwirklichung der Vollbeschäftigung die Erreichung und Aufrechterhaltung eines möglichst hohen und stabilen Beschäftigungsgrades anzustreben". Diese Verpflichtung wurde bereits im ILO-Übereinkommen Nr. 88 über die Organisation der Arbeitsmarktverwaltung vom 9. Juli 1948 im Artikel 1 Abs. 2 statuiert[1]. Auf dieses am 10. August 1950 in Kraft getretene Übereinkommen stützte sich auch der Wortlaut dieses Punktes der Charta[2].

Im Rahmen eines ILO-Übereinkommens wurde darüber hinausgehend eine stärkere Verpflichtung zur Verfolgung der Vollbeschäftigung normiert. Im ILO-Übereinkommen 122 über die Beschäftigungspolitik vom 9. Juli 1964[3] wurde diese Verpflichtung zur Vollbeschäftigungspolitik noch dahingehend spezifiziert, daß sie gewährleisten müsse, daß für alle Personen, „die für eine Arbeit zur Verfügung stehen und Arbeit suchen, eine solche vorhanden ist". Weiter muß diese „Arbeit so produktiv wie möglich" sein, und „die Wahl der Beschäftigung frei" sein. (Art. 1, Punkt 2, lit. a, b, c). Obzwar in der Sozialcharta und in dem späteren ILO-Übereinkommen 122, welches am 15. Juli 1966 in Kraft getreten ist, die Verpflichtung zur Vollbeschäftigungspolitik stark betont wird, wird sie aber doch nur als „eine der wichtigsten Zielsetzungen" bzw.

---

[1] Siehe Text in der vom Internationalen Arbeitsamt herausgegebenen Sammlung der Übereinkommen und Empfehlungen, Genf 1966, S. 752 ff.

[2] Vgl. International Labour Review, Vol. LXXXIV, Nov. 1961, S. 357.

[3] Siehe Text in Internationales Arbeitsamt: „Übereinkommen und Empfehlungen", S. 1249 ff., siehe dazu auch die Empfehlung 122 mit detaillierten Durchführungsmethoden und Vorschläge zur Erreichung der Vollbeschäftigung, a.a.O., S. 1253 ff.

als „eines der Hauptziele" der Mitglieder der Charta bzw. der Konvention festgelegt. Daß hieraus eine Verpflichtung zu einer Beschäftigungspolitik im Sinne einer Zentralverwaltungswirtschaft herausgelesen werden könnte, wäre abwegig und würde dem Geist der Charta bzw. anderen komplementären Bestimmungen der Charta widersprechen.

Im Punkt 2 des Artikel 1 der Europäischen Sozialcharta wird sodann die Verpflichtung der Vertragsparteien angeführt, „das Recht des Arbeitnehmers wirksam zu schützen, seinen Lebensunterhalt durch eine frei übernommene Tätigkeit zu verdienen". Es soll damit gewährleistet werden, daß jedermann „frei", d. h. ohne Zwang und Diskriminierung seine Beschäftigung wählen kann.

Das ILO-Übereinkommen 29 vom 28. Juni 1930 über Zwangs- oder Pflichtarbeit[4] und das Übereinkommen 105 vom 25. Juni 1957 über die Abschaffung der Zwangsarbeit[5] enthalten genauere Bestimmungen über solche Verbote, desgleichen wurden bereits im ILO-Übereinkommen 98 vom 1. Juli 1949 über das Vereinigungsrecht und das Recht zu Kollektivhandlungen[6] und im Übereinkommen 111 über die Diskriminierung in Beschäftigung und Beruf vom 25. Juni 1958 Vorschriften normiert, die die „Gleichheit der Gelegenheiten oder der Behandlung in Beschäftigung oder Beruf" gewährleisten sollen[7]; denn erst aus der Anerkennung der Gleichheit kann auch der rechte Gebrauch der Freiheit ermöglicht werden.

Im Punkt 3 des Artikel 1 wird zur wirksamen Ausübung des Rechtes auf Arbeit die Verpflichtung zur Einrichtung oder Aufrechterhaltung „unentgeltlicher Arbeitsvermittlungsdienste für alle Arbeitnehmer" statuiert. Vorläufer dazu finden sich ebenfalls schon in einzelnen Abkommen der ILO, so z. B. im Übereinkommen 2 über Arbeitslosigkeit, 1919[8], im Übereinkommen 88 über die Arbeitsmarktverwaltung, 1948[9] und im Übereinkommen 96 über Büros für entgeltliche Arbeitsvermittlung 1949 (Neufassung der Konvention des Jahres 1933)[10]. Es kommt in dieser Bestimmung der Gedanke zum Ausdruck, daß das Recht auf Arbeit in einem freiheitlichen Staat dadurch garantiert wird, daß „durch einen zweckmäßigen Ausbau der Arbeitsvermittlung jedem Arbeitssuchenden das Auffinden einer Arbeitsstelle" ermöglicht und erleichtert wird[11]. In engem Zusammenhang dazu steht auch Punkt 4 des Artikel 1

---

[4] Internationales Arbeitsamt, S. 173 ff.
[5] Internationales Arbeitsamt, S. 1015.
[6] Internationales Arbeitsamt, S. 878 ff.
[7] Art. 1, Text in: Internationales Arbeitsamt, S. 1103.
[8] Internationales Arbeitsamt, S. 8 ff.
[9] Internationales Arbeitsamt, S. 752 ff.
[10] Internationales Arbeitsamt, S. 832 ff.
[11] Arthur *Nikisch*, Arbeitsrecht, Band I, 3. Auflage, Tübingen 1961, S. 44.

der Europäischen Sozialcharta, der die Sicherstellung oder Förderung einer „geeigneten Berufsberatung, Berufsausbildung und beruflichen Wiedereingliederung" verlangt. Während im Artikel 9 und im Artikel 10 das Recht auf Berufsberatung und auf berufliche Ausbildung näher ausgeführt wird, ist ein eigenes „Recht auf berufliche Wiedereingliederung" nicht vorgesehen.

Im Artikel 1 wird somit das Recht auf Arbeit sehr weit gefaßt. Verschiedene subsidiäre bzw. auxiliäre Komponenten dieses zentralen sozialen Grundrechtes, wie eben das Recht auf Berufsberatung und auf berufliche Ausbildung, werden daher auch noch in den folgenden Artikeln als eigenständige Grundrechte ausgebaut.

Im Artikel 2 der Charta wird das *Recht auf gerechte Arbeitsbedingungen* festgelegt. Zu dessen Realisierung verpflichten sich die Vertragsparteien, „für eine angemessene und wöchentliche Arbeitszeit zu sorgen und die Arbeitswoche fortschreitend zu verkürzen, soweit die Produktivitätssteigerung und andere mitwirkende Faktoren dies gestatten".

Eine Begrenzung auf eine vierzigstündige wöchentliche Arbeitszeit konnte in die Charta nicht aufgenommen werden[12], obwohl bereits im Rahmen der ILO in einem Übereinkommen über die Vierzigstundenwoche, 1935, der Grundsatz der Vierzigstundenwoche normiert worden war. Dieses Übereinkommen trat allerdings erst am 23. Juni 1957 in Kraft — bindend wiederum auch nur für diejenigen Mitglieder, deren Ratifikation durch den Generaldirektor der ILO eingetragen ist, — obwohl es dazu nur der Ratifikation durch zwei Mitglieder bedurfte[13]. In jüngster Zeit wurde die Frage der Vierzigstundenwoche auch in einer Empfehlung aufgegriffen[14] und auch hier eine schrittweise Verkürzung bis zur Erreichung des postulierten Vierzigstundenstandards empfohlen.

Obwohl also bereits eine diesbezügliche ILO-Konvention vorlag, konnte das Vierzigstundenminimum in der Charta nicht durchgesetzt werden; die beratende Versammlung hatte sich zwar dafür ausgesprochen, doch wurde letztlich diese Forderung der Arbeitnehmer nicht in dieser zwingenden Form in den endgültigen Text der Charta aufgenommen.

Punkt 2 des Artikels 2 verpflichtet zur Festlegung „bezahlter öffentlicher Feiertage", während im Punkt 3 die „Gewährung eines bezahlten

---

[12] Vgl. dazu International Labour Review, a.a.O., S. 359.
[13] Vgl. den Text des Übereinkommens, Internationales Arbeitsamt, S. 311 f.
[14] Empfehlung 116 betreffend die Verkürzung der Arbeitszeit, 1962, Internationales Arbeitsamt, S. 1170 ff.

Jahresurlaubs von mindestens zwei Wochen" ausbedungen wird. Mit dieser letzten Bestimmung wurde erstmalig eine solche Verpflichtung international festgelegt. Bisher galt noch das ILO-Übereinkommen 52 über den bezahlten Urlaub, 1936, als einzige bindende Verpflichtung bezüglich eines bezahlten Urlaubes, es waren hier aber nur 6 Werktage nach einjähriger ununterbrochener Dienstleistung als bezahlter Jahresurlaub vorgesehen[15]. Allerdings waren auch innerhalb der ILO Bemühungen betreffend Gewährung eines längeren bezahlten Urlaubes in einzelnen Berufssparten erfolgreich[16].

Obwohl in den meisten westeuropäischen Ländern der bezahlte Mindesturlaub über das von der Charta geforderte Minimum hinausgeht[17], wird durch die Charta doch zum ersten Male ein internationaler einheitlicher Mindeststandard festgelegt. Aus der Formulierung der betreffenden Stelle geht hervor, daß die Sonntage ebenfalls als Urlaubstage gelten sollen.

Im Punkt 4 des Artikels 2 werden Sonderbestimmungen für die Gewährung „zusätzlicher bezahlter Urlaubstage" bzw. „verkürzter Arbeitszeit" gefordert; so soll Arbeitnehmern, die mit „bestimmten gefährlichen oder gesundheitsschädlichen Arbeiten beschäftigt sind" ein Ausgleich in Form eines Mehrgenusses an Freizeit gewährt werden. Auf diesem Sektor bestehen ebenfalls schon einige internationale Abkommen, so das ILO-Übereinkommen 43 über die Tafelglashütten, 1934[18], ein Übereinkommen 46 über die Begrenzung der Arbeitszeit im Kohlenbergbau, 1935[19], und ein Übereinkommen 49 über die Verkürzung der Arbeitszeit (Flaschenglashütten), 1935[20], das Übereinkommen 51 über die Verkürzung der Arbeitszeit (öffentliche Arbeiten), 1936[21], sowie das Übereinkommen 57 über die Arbeitszeit an Bord von Schiffen und die Besatzungsstärke, 1936[22], das Übereinkommen 61 über die Verkürzung

---

[15] Vgl. Internationales Arbeitsamt, S. 346 ff.

[16] Zum Beispiel 18 Werktage je Dienstjahr für Kapitäne, Schiffsoffiziere, Funkoffiziere oder Funker bzw. 12 Werktage für die übrigen Mitglieder der Besatzung bestimmter Schiffe nach dem Übereinkommen 91 über den bezahlten Urlaub der Schiffsleute, Internationales Arbeitsamt, S. 783 ff. Siehe auch die Empfehlung 93 betreffend den bezahlten Urlaub in der Landwirtschaft, die bei jugendlichen Arbeitnehmern unter 16 Jahren einen bezahlten Urlaub von zwei Arbeitswochen per Dienstjahr fordert, Internationales Arbeitsamt, a.a.O., S. 918 f.

[17] Zum Beispiel 15 bzw. 18 Werktage nach dem Bundesurlaubsgesetz 1963 in der Bundesrepublik Deutschland; 12 bis 24 Werktage nach Arbeiterurlaubsgesetz 1959 in Österreich.

[18] Internationales Arbeitsamt, S. 288 ff.

[19] Internationales Arbeitsamt, S. 304 ff.

[20] Internationales Arbeitsamt, S. 321 ff.

[21] Internationales Arbeitsamt, S. 341 ff.

[22] Internationales Arbeitsamt, S. 378 ff.

der Arbeitszeit (Textilindustrie), 1937[23], das Übereinkommen 67 über die Arbeitszeit und die Ruhezeiten (Straßentransport), 1939[24], das Übereinkommen 109 über das Heuern, die Arbeitszeit an Bord und die Besatzungsstärke (Neufassung), 1958[25].

Im Punkt 5 wird verlangt, daß eine wöchentliche Ruhezeit sichergestellt werde, die, soweit möglich, mit dem Tag zusammenfällt, „der in dem betreffenden Land oder Bezirk durch Herkommen oder Brauch als Ruhetag anerkannt ist". Eine Festsetzung der Ruheperiode auf mindestens 36 Stunden wurde zwar von der Beratenden Versammlung vorgeschlagen, letztlich wurde aber der Weg eingeschlagen, den bereits auch das Übereinkommen 106 über die wöchentliche Ruhezeit (Handel und Büros), 1957[26], und das Übereinkommen 110 über die Plantagenarbeit, 1958[27], vorgezeichnet hatte.

Das Recht auf gerechte Arbeitsbedingungen erscheint in diesem Artikel als ein sehr komplexer Tatbestand, der aber genügend Spielraum für individuelle einzelstaatliche Regelungen läßt. Im Artikel 33 der Charta ist außerdem noch vorgesehen, daß die Verpflichtungen aus Artikel 2 auch dann übernommen werden können und als erfüllt gelten, wenn sie auch auf Grund von Gesamtarbeitsverträgen oder auf andere Weise auf die überwiegende Mehrheit der betreffenden Arbeitnehmer Anwendung finden.

Neben dem Recht auf gerechte Arbeitsbedingungen wird auch ein *Recht auf sichere und gesunde Arbeitsbedingungen* im Artikel 3 der Charta normiert. Danach sind die Vertragspartner verpflichtet, „Sicherheits- und Gesundheitsvorschriften zu erlassen" und „für Kontrollmaßnahmen zur Einhaltung dieser Vorschriften zu sorgen". Außerdem sollen sie die Arbeitgeber- und Arbeitnehmerorganisationen in geeigneten Fällen bei Maßnahmen zu Rate ziehen, die auf eine Verbesserung der Sicherheit und der Gesundheit bei der Arbeit gerichtet sind.

Sicherheitsvorschriften ähnlicher Art finden sich auch in vielen internationalen Übereinkommen[28] und sind zum Teil auch innerstaatlich in hohem Maße ausgebaut[29].

---

[23] Internationales Arbeitsamt, S. 409 ff.

[24] Internationales Arbeitsamt, S. 498 ff.

[25] Internationales Arbeitsamt, S. 1055 ff.

[26] Internationales Arbeitsamt, S. 1018 ff.

[27] Internationales Arbeitsamt, S. 1071 ff.

[28] Siehe z. B. die ILO-Übereinkommen 120 über den Gesundheitsschutz (Handel und Büros) 1964, Internationales Arbeitsamt, S. 1211 ff. 115 oder über den Strahlenschutz, 1960, Internationales Arbeitsamt, S. 1129 ff.; des weiteren finden sich noch viele derartige Schutzbestimmungen als Nebenbestimmungen in einer Vielzahl von ILO-Übereinkommen.

[29] Siehe zur Geschichte des Arbeitsschutzes, Karl *Kummer*, Lehrbuch des österreichischen Arbeitsrechtes, Wien 1961, S. 12 ff.; zum Arbeitnehmerschutz-

Im Artikel 4 der Charta wird das *Recht auf ein gerechtes Arbeitsentgelt* stipuliert. Die Vertragsparteien sollen dadurch verpflichtet werden:

1. Das Recht der Arbeitnehmer auf ein Arbeitsentgelt anzuerkennen, welches ausreicht, um ihnen und ihren Familien einen angemessenen Lebensstandard zu sichern.

2. Das Recht der Arbeitnehmer auf Zahlung erhöhter Lohnsätze für Überstundenarbeit anzuerkennen, vorbehaltlich von Ausnahmen in bestimmten Fällen.

3. Das Recht männlicher und weiblicher Arbeitnehmer auf gleiches Entgelt für gleichwertige Arbeit anzuerkennen.

4. Das Recht aller Arbeitnehmer auf eine angemessene Kündigungsfrist im Falle der Beendigung des Arbeitsverhältnisses anzuerkennen.

5. Lohnabzüge nur unter den Bedingungen und in den Grenzen zuzulassen, die in innerstaatlichen Rechtsvorschriften vorgesehen oder durch Gesamtarbeitsvertrag oder Schiedsspruch bestimmt sind.

Die Ausübung dieser Rechte kann sowohl durch frei geschlossene Gesamtarbeitsverträge, durch gesetzliche Verfahren der Lohnfestsetzung oder auf jede andere, den Landesverhältnissen entsprechende Weise gewährleistet werden.

Die Formulierung des Punktes 1 ist sehr sozialutopisch gehalten. Sie mag zwar programmatisch schön klingen und politisch zugkräftig sein, positiv-rechtlich ausgeführt hätte sie zur Folge, daß für ein und dieselbe Dienstleistung ein verschiedenes Entgelt geleistet wird, je nachdem, ob sie ein Junggeselle oder ein Verheirateter, der kinderlos ist und eine berufstätige Ehefrau hat, oder ein verheirateter Kindesvater, der Alleinverdiener ist, erbringt. Nach der Größe der Familie und nicht nach der Qualität und Quantität der Arbeitsleistung wäre dann der Lohn zu zahlen. Dieses System ist in keinem Wirtschaftssystem, das nur einigermaßen marktwirtschaftlich orientiert ist, durchführbar, denn es bedeutet ein notwendiges Abgehen vom Leistungslohn; umgekehrt hat aber nach dieser Formulierung des Art. 4 der für eine vielköpfige Familie zu sorgende Vater eine Gefährdung des Arbeitsplatzes für den Fall zu fürchten, daß ihm nicht auch ein qualifizierter Kündigungsschutz gewährt wird. Es wird sich nämlich ein Unternehmer mittlerer Größe für den Fall, als dieses sozial-grundrechtlich geforderte Abgehen vom Leistungslohn eingeführt wird, kaum mehrere Familienväter als Dienstnehmer leisten können, die für eine vielköpfige Familie allein zu sorgen haben. Der Weg des Familienlastenausgleichs wird sicherlich die beste

---

recht in der Bundesrepublik beachte *Hueck-Nipperdey*, Lehrbuch des Arbeitsrechts, 1. Bd., 7. Auflage, Berlin und Frankfurt a. Main 1963, S. 803 ff.

Möglichkeit sein, um trotz Beibehaltung des Leistungslohnes ein familiengerechtes Einkommen zu ermöglichen. Im Punkt 2 wird — wie schon ähnlich in verschiedenen ILO-Konventionen[30] — eine qualifizierte Überstundenrenumeration vorgeschrieben. Im Text selbst sind allerdings gewisse Einschränkungen des Berechtigtenkreises vorgesehen, wobei man sich an innerstaatlichen Vorbildern orientierte, wonach Überstunden höherer Angestellter nicht vergütet werden[31].

Punkt 3 ist eine Ausprägung des Gleichheitssatzes in besoldungsrechtlicher Hinsicht.

Die Bestimmung des Punkt 4 über die „angemessene Kündigungsfrist" paßt nicht in das System des Artikels 4, wurde aber nicht als eigenes soziales Grundrecht kodifiziert. Diese Schutzbestimmung kommt dem Arbeitnehmer sowohl einerseits als Ausgangspunkt als auch andererseits als Zielpunkt einer Kündigung zugute.

Bezüglich der Lohnabzüge, die im Punkt 5 vorgesehen sind, lehnt sich die Charta an das ILO-Übereinkommen 95 über den Lohnschutz, 1949[32], an, enthält aber nicht so detaillierte Vorschriften wie die genannte Konvention.

Im Artikel 5 wird das *Vereinigungsrecht* der Arbeitgeber und Arbeitnehmer statuiert. Dabei darf diese Freiheit „weder durch innerstaatliches Recht, noch durch dessen Anwendung" beeinträchtigt werden. Die Vereinigungsfreiheit bezieht sich sowohl auf örtliche als auch auf nationale und internationale Organisationen und steht den Arbeitgebern wie Arbeitnehmern zum „Schutze ihrer wirtschaftlichen und sozialen Interessen" zu. Das innerstaatliche Recht kann — genau wie nach der dieselbe Materie regelnden ILO-Konvention 87 über die Vereinigungsfreiheit und den Schutz des Vereinigungsrechtes, 1948[33] — die Anwendung der in diesem Artikel vorgesehenen Garantien für die Polizei und die Mitglieder der Streitkräfte beschränken, eine Beschränkung des Vereinigungsrechtes für andere Arbeitgeber- oder Arbeitnehmergruppen erscheint demnach ausgeschlossen.

Wie das Koalitionsrecht[34] gehört auch das *Recht auf Kollektivverhandlungen* (Art. 6 der Charta) zu den zentralen sozialen Grundrechten.

---

[30] So zum Beispiel schon im Übereinkommen 1 über die Arbeitszeit (Gewerbe) 1919, Internationales Arbeitsamt, S. 1 ff., Absatz 33 der Empfehlung betreffend die Plantagenarbeit, 1958, Internationales Arbeitsamt, S. 1099, sieht zum Beispiel vor, daß die Lohnsätze für Überstunden um mindestens 25 Prozent über den normalen Lohnsätzen liegen.

[31] Zum Beispiel leitende Angestellte im Sinne des § 1 Abs. 2, Arbeitszeitordnung der Bundesrepublik Deutschland.

[32] Internationales Arbeitsamt, S. 822 ff.

[33] Internationales Arbeitsamt, S. 747 ff.

[34] Vgl. zum Begriff und Wesen der Koalition *Hueck-Nipperdey*, Lehrbuch des Arbeitsrechts, 2. Bd., 1. Hbd., 7. Auflage, Berlin und Frankfurt a. Main 1966, S. 81 ff.

Seine wirksame Ausübung ist dadurch gewährleistet, daß die Vertragsparteien verpflichtet sind:

1. Gemeinsame Beratungen zwischen Arbeitnehmern und Arbeitgebern zu fördern.

2. Verfahren für freiwillige Verhandlungen zwischen Arbeitgeberorganisationen einerseits und Arbeitnehmerorganisationen andererseits zu fördern, um die Beschäftigungsbedingungen durch Gesamtarbeitsverträge zu regeln.

3. Die Einrichtung und die Benutzung geeigneter Vermittlungs- und freiwilliger Schlichtungsverfahren zur Beilegung von Arbeitsstreitigkeiten zu fördern.

Sehr bedeutsam ist Punkt 4 dieses Artikels, der verlangt, daß die Vertragsparteien „das Recht der Arbeitnehmer und der Arbeitgeber auf kollektive Maßnahmen einschließlich des Streikrechtes im Falle von Interessenkonflikten, vorbehaltlich etwaiger Verpflichtungen aus Gesamtarbeitsverträgen" anerkennen. Dadurch wird zum ersten Male das Streikrecht als Mittel des Arbeitskampfes international anerkannt. Auch die sehr fortschrittliche Konvention 98 der ILO über das Vereinigungsrecht und das Recht zu Kollektivverhandlungen, 1949[35], enthielt keine diesbezügliche Bestimmung. Allerdings kann auf diese sehr weitreichende Bestimmung die Restriktion des Artikel 31 der Charta angewendet werden, wonach Einschränkungen oder Begrenzungen auch des Streikrechtes dann festgelegt werden können, „wenn diese gesetzlich vorgeschrieben und in einer demokratischen Gesellschaft zum Schutze der Rechte und Freiheiten anderer oder zum Schutze der öffentlichen Sicherheit und Ordnung, der Sicherheit des Staates, der Volksgesundheit und der Sittlichkeit notwendig sind".

Als Gegenstück zum Streikrecht wurde von Unternehmerseite zwar das Recht der Aussperrung von Arbeitnehmern vorgeschlagen, aber in den Text der Charta nicht aufgenommen[36].

Artikel 7 beinhaltet das *Recht der Kinder und Jugendlichen auf Schutz*. Zur Gewährleistung dieses Rechtes gehen die Vertragsparteien die Verpflichtung ein,

„1. das Mindestalter für die Zulassung einer Beschäftigung auf 15 Jahre festzusetzen, vorbehaltlich von Ausnahmen für Kinder, die mit bestimmten leichten Arbeiten beschäftigt werden, welche weder ihre Gesundheit noch ihre Moral, noch ihre Erziehung gefährden".

---

[35] Internationales Arbeitsamt, S. 878 ff.

[36] Vgl. International Labour Review, a.a.O., S. 365.

Die Altersgrenze von 15 Jahren wurde in Anlehnung an bereits bestehende ILO-Übereinkommen festgelegt[37]. Punkt 2 verlangt ein „höheres Mindestalter für die Zulassung zur Beschäftigung in bestimmten Berufen, die als gefährlich oder gesundheitsschädlich gelten". Eine fixe Begrenzung etwa auf 18 Jahre — wie dies für einige Berufsgruppen im Rahmen der ILO bereits festgelegt war[38] — konnte allerdings in der Charta nicht festgesetzt werden[39].

Im Punkt 3 wird die Beschäftigung Schulpflichtiger mit Arbeiten verboten, die verhindern würden, daß sie aus ihrer Schulbildung den vollen Nutzen ziehen.

Absatz 4 spricht die Verpflichtung aus, die Arbeitszeit von Jugendlichen unter 16 Jahren entsprechend den Erfordernissen ihrer Entwicklung und insbesondere ihrer Berufsausbildung zu begrenzen.

Der nächste Absatz behandelt das „Recht der jugendlichen Arbeitnehmer und Lehrlinge auf ein gerechtes Arbeitsentgelt oder eine angemessene Beihilfe", während Absatz 6 die Verpflichtung ausspricht, „daß die Zeit, die Jugendliche während der normalen Arbeitszeit mit Zustimmung des Arbeitgebers für die Berufsausbildung verwenden, als Teil der täglichen Arbeitszeit gilt".

Absatz 7 enthält eine Sonderbestimmung zu Artikel 2, Absatz 2, bezüglich des bezahlten Jahresurlaubes und setzt dessen Dauer für Jugendliche auf mindestens drei Wochen fest. Ein vierwöchiger Mindesturlaub konnte nicht durchgesetzt werden[40]. Absatz 8 verbietet für Personen unter 18 Jahren Nachtarbeit mit Ausnahme bestimmter, im innerstaatlichen Recht festgelegter Arbeiten. Im Anhang zur Charta wird aber festgestellt, daß diese Verpflichtung schon dann als erfüllt gilt, wenn die überwiegende Mehrheit der Personen unter 18 kraft Gesetzes nicht zur Nachtarbeit herangezogen werden darf.

Zum gesundheitlichen Schutz jugendlicher Arbeitnehmer verfügt Absatz 9, daß die Arbeitnehmer unter 18 Jahren, die in bestimmten, im innerstaatlichen Recht festgelegten Beschäftigungen tätig sind, einer

---

[37] Abgeändertes Übereinkommen 58 über das Mindestalter (Arbeit auf See) 1936, Internationales Arbeitsamt, S. 389; abgeändertes Übereinkommen 5 über das Mindestalter (Gewerbe) 1937, a.a.O., S. 397 und abgeändertes Übereinkommen 33 über das Mindestalter (nicht gewerbliche Arbeiten) 1937, a.a.O., S. 212; Übereinkommen 112 über das Mindestalter (Fischer) 1959, a.a.O., S. 1111.

[38] Übereinkommen 15 über das Mindestalter (Kohlenzieher und Heizer) 1921, Internationales Arbeitsamt, S. 73 ff., allerdings wird im ILO-Übereinkommen 123 über das Mindestalter (Untertagearbeiten) 1965, a.a.O., S. 1272, auch nur ein Mindestalter von 16 Jahren gefordert, jedoch in der korrespondierenden Empfehlung ein Mindestalter von 18 Jahren als Ziel erachtet.

[39] International Labour Review, S. 366.

[40] International Labour Review, S. 367.

regelmäßigen ärztlichen Überwachung unterliegen. Starke Bemühungen zur Ausdehnung dieser ärztlichen Überwachung auf alle Arbeitnehmer unter 18 Jahren, die sich auch auf das Vorbild zweier ILO-Konventionen[41] stützen konnten, waren nicht erfolgreich[42]. Inzwischen wurde auf Grund eines ILO-Übereinkommens[43] für Untertagearbeiter die Altersgrenze auf 21 Jahre hinaufgesetzt. Im letzten Absatz (10) wird ein besonderer Schutz gegen die körperlichen und sittlichen Gefahren verlangt, „denen Kinder und Jugendliche ausgesetzt sind, insbesondere gegen Gefahren, die sich unmittelbar oder mittelbar aus ihrer Arbeit ergeben".

Als ebenfalls besonders schutzbedürftig erachtet die Sozialcharta die berufstätige Frau. Im Artikel 8 wird das *Recht der Arbeitnehmerinnen auf Schutz* präzisiert. Die Vertragsparteien übernehmen in Absatz 1 die Verpflichtung, „sicherzustellen, daß Frauen vor und nach der Niederkunft eine Arbeitsbefreiung von insgesamt mindestens zwölf Wochen erhalten, und zwar entweder in Form eines bezahlten Urlaubes oder durch angemessene Leistungen der sozialen Sicherheit oder aus sonstigen öffentlichen Mitteln". Gegenüber schon bestehenden internationalen Abkommen[44] wird in der Charta auch die Möglichkeit der Arbeitsbefreiung der Frau wegen einer Niederkunft zu Lasten des Arbeitgebers eröffnet; trotz starken Widerstandes in der Beratenden Versammlung, insbesondere um der Gefahr ungleicher Behandlung und Zahlungsschwierigkeiten zu begegnen, wurde aber diese Bestimmung nicht geändert[45].

Im Absatz 2 wurde festgestellt, daß die Vertragsparteien verpflichtet sind, „es als ungesetzlich zu betrachten, daß ein Arbeitgeber einer Frau während ihrer Abwesenheit infolge Mutterschaftsurlaubes oder so kündigt, daß die Kündigungsfrist während einer solchen Abwesenheit abläuft".

Diese Bestimmung lehnt sich an das Mutterschutz-Übereinkommen 1952 der ILO an[46]. Desgleichen deckt sich die Bestimmung des Absatzes 3, daß Mütter, die ihre Kinder stillen, für diesen Zweck Anspruch auf ausreichende Arbeitsunterbrechungen haben, mit den Vorschriften der

---

[41] Übereinkommen 77 über die ärztliche Untersuchung Jugendlicher (Gewerbe) 1946 und das Übereinkommen 78 über die ärztliche Untersuchung Jugendlicher (nicht gewerbliche Arbeiten) 1946 Internationales Arbeitsamt, S. 659 ff.

[42] International Labour Review, S. 367.

[43] Über die ärztliche Untersuchung Jugendlicher (Untertagearbeiten) 1965, Internationales Arbeitsamt, S. 1278 ff.

[44] ILO-Übereinkommen 103 über den Mutterschutz (Neufassung) 1952, Internationales Arbeitsamt, S. 948 ff.

[45] Vgl. International Labour Review, S. 368.

[46] Artikel 6, gleichlautend auch Artikel 50 des Übereinkommens über die Plantagenarbeit, 1958, Internationales Arbeitsamt, S. 1083.

ILO-Konventionen[47], jedoch wird ein Anspruch auf „ausreichende Arbeitsunterbrechungen" gewährt und nicht nur wie in den ILO-Übereinkommen, eine „einmalige oder mehrmalige Unterbrechung".

Im Absatz 4 werden Schutzbestimmungen für weibliche Arbeitnehmer überhaupt aufgestellt: danach verpflichten sich die Vertragsparteien, „die Nachtarbeit von Arbeitnehmerinnen in gewerblichen Betrieben zu regeln" und „jede Beschäftigung von Arbeitnehmerinnen mit Untertagearbeiten in Bergwerken und gegebenenfalls mit allen sonstigen Arbeiten zu untersagen, die infolge ihrer gefährlichen, gesundheitsschädlichen oder beschwerlichen Art für sie ungeeignet sind".

Es wird hiedurch nur vorgeschrieben, die Nachtarbeit von Arbeitnehmerinnen in gewerblichen Betrieben „zu regeln" — also eine vergleichsweise unverbindliche Formulierung, wenn man das generelle Verbot der Nachtarbeit von Frauen (mit Ausnahme gewisser Berufsgruppen) in verschiedenen ILO-Übereinkommen betrachtet[48].

Die andere ausdrückliche Verbotsbestimmung wurde ebenfalls schon durch entsprechende ILO-Übereinkommen präjudiziert[49]. Diesen letzten Schutzbestimmungen für weibliche Arbeitnehmer wurde von den skandinavischen Delegationen widersprochen, die das Recht der Arbeitnehmerinnen auf Schutz nur auf den Spezialfall der Schwangerschaft bzw. des Mutterschutzes abstellen wollten[50].

Die im Artikel 1 als Bestandteil des Rechtes auf Arbeit bereits erwähnte *Berufsberatung* wird im Artikel 9 als selbständiges Recht nochmal statuiert. Es soll — soweit dies notwendig ist — ein Dienst eingerichtet oder gefördert werden, der allen Personen einschließlich der Behinderten hilft, die Probleme der Berufswahl oder des beruflichen Aufstieges zu lösen, und zwar unter Berücksichtigung ihrer persönlichen Eigenschaften und deren Beziehung zu den Beschäftigungsmöglichkeiten; diese Hilfe soll sowohl Jugendlichen einschließlich Kindern schulpflichtigen Alters, als auch Erwachsenen unentgeltlich zur Verfügung stehen. Nähere Bestimmungen zur Durchführung und Ausgestaltung dieses Rechtes auf Berufsberatung finden sich in der Charta nicht.

---

[47] Artikel 5 des Übereinkommens über den Mutterschutz (Neufassung) 1952, bzw. Artikel 49 des Übereinkommens über die Plantagenarbeit 1958.

[48] So zum Beispiel schon das Übereinkommen 4 über die Nachtarbeit der Frauen, 1919, Internationales Arbeitsamt, S. 17 ff., welches in den Jahren 1934 und 1948 durch neue Übereinkommen abgeändert und ergänzt wurde.

[49] So zum Beispiel das Übereinkommen 45 über Untertagearbeiten (Frauen) 1935, Internationales Arbeitsamt, S. 301, und das Übereinkommen 13 über Bleiweiß (Anstrich) 1921, a.a.O., S. 44 ff.

[50] Vgl. International Labour Review, a.a.O., S. 368 f.

Das *Recht auf berufliche Ausbildung*, das auch bereits als Teil eines Rechtes auf Arbeit im Artikel 1 erwähnt wurde, ist ebenfalls als selbständiges soziales Recht ausgebildet (Artikel 10). Um die wirksame Ausübung des Rechtes zu gewährleisten, verpflichten sich die Vertragsparteien:

1. Die fachliche und berufliche Ausbildung aller Personen, einschließlich der Behinderten, soweit es notwendig ist, zu gewährleisten oder zu fördern, und zwar in Beratung mit Arbeitgeber- und Arbeitnehmerorganisationen, sowie Möglichkeiten für den Zugang zu Technischen Hochschulen und Universitäten nach alleiniger Maßgabe der persönlichen Eignung zu schaffen;

2. ein System der Lehrlingsausbildung und andere Systeme der Ausbildung für junge Menschen beiderlei Geschlechts in ihren verschiedenen Berufstätigkeiten sicherzustellen oder zu fördern;

3. soweit notwendig, folgendes sicherzustellen oder zu fördern:
   a) geeignete und leicht zugängliche Ausbildungsmöglichkeiten für erwachsene Arbeitnehmer,
   b) besondere Möglichkeiten für die berufliche Umschulung erwachsener Arbeitnehmer, die durch den technischen Fortschritt oder neue Entwicklungen auf dem Arbeitsmarkt erforderlich wird;

4. zur vollen Ausnutzung der geschaffenen Möglichkeiten durch geeignete Maßnahmen anzuregen, zum Beispiel dadurch, daß
   a) alle Gebühren und Kosten herabgesetzt oder abgeschafft werden,
   b) in geeigneten Fällen finanzielle Hilfe gewährt wird,
   c) die Zeiten, die der Arbeitnehmer während der Beschäftigung auf Verlangen seines Arbeitgebers für den Besuch von Fortbildungslehrgängen verwendet, auf die normale Arbeitszeit angerechnet werden,
   d) durch geeignete Überwachung die Wirksamkeit des Systems der Lehrlingsausbildung und jedes anderen Ausbildungssystems für jugendliche Arbeitnehmer sowie ganz allgemein deren ausreichender Schutz gewährleistet wird, und zwar in Beratung mit Arbeitgeber- und Arbeitnehmerorganisationen.

Besondere Bedeutung gewinnt in unserer Zeit der *Schutz der Gesundheit* (Art. 11). Abgesehen vom persönlichen Leid, das Krankheit und Gesundheitsschäden mit sich bringt, ist die Gesundheit des Einzelnen auch von großer Bedeutung für die Wirtschaft eines Landes, die jährlich hohe Summen letztlich ja auch durch Unfälle und Krankheiten verliert[51]. Um die wirksame Ausübung dieses Rechtes zu gewährleisten,

---

[51] Vgl. zur Bedeutung dieses Problemkreises die Ausführungen von Peter

verpflichten sich die Vertragsparteien, entweder unmittelbar oder in Zusammenarbeit mit öffentlichen oder privaten Organisationen, geeignete Maßnahmen zu ergreifen, die u. a. darauf abzielen, soweit wie möglich die Ursachen von Gesundheitsschäden zu beseitigen, Beratungs- und Schulungsmöglichkeiten zu schaffen, zur Verbesserung der Gesundheit und zur Entwicklung des persönlichen Verantwortungsbewußtseins in Fragen der Gesundheit und soweit wie möglich epidemischen, endemischen und anderen Krankheiten vorzubeugen. Dieser Artikel beinhaltet nur eine Aufzählung von einigen möglichen Maßnahmen und schließt andere gesundheitsfördernde bzw. krankheitshemmende Maßnahmen nicht aus.

Im *Recht auf soziale Sicherheit* (Artikel 12) werden die Grundsätze dieses umfangreichen Problemkreises festgelegt. Im Abs. 1 werden die Vertragsparteien verpflichtet, „ein System der Sozialen Sicherheit einzuführen oder beizubehalten" und weiters „2. das System der Sozialen Sicherheit auf einen befriedigenden Stand zu halten, der zumindest dem entspricht, der für die Ratifikation des Übereinkommens (Nr. 102) der Internationalen Arbeitsorganisation über die Mindestnormen der Sozialen Sicherheit erforderlich ist".

Man wollte sich in diesem Passus ursprünglich auf den Europäischen Kodex für Soziale Sicherheit beziehen, der aber im Zeitpunkt der Unterzeichnung der Charta noch nicht angenommen war[52]. Darüber hinaus verpflichten sich aber die Parteien:

„3. sich zu bemühen, das System der Sozialen Sicherheit fortschreitend auf einen höheren Stand zu bringen".

Außerdem versprechen sie durch den Abschluß geeigneter zwei- oder mehrseitiger Übereinkünfte oder durch andere Mittel und nach Maßgabe der in diesen Übereinkünften niedergelegten Bedingungen Maßnahmen zu ergreifen, die folgendes gewährleisten:

a) die Gleichbehandlung der Staatsangehörigen anderer Vertragsparteien mit ihren eigenen Staatsangehörigen hinsichtlich der Ansprüche aus der Sozialen Sicherheit einschließlich der Wahrung der nach den Rechtsvorschriften der Sozialen Sicherheit erwachsenen Leistungsansprüche, gleichviel wo die geschützten Personen innerhalb der Hoheitsgebiete der Vertragsparteien ihren Aufenthalt nehmen;

b) die Gewährung, die Erhaltung und das Wiederaufleben von Ansprüchen aus der Sozialen Sicherheit, beispielsweise durch die Zusam-

---

Pernthaler, Grundrecht auf Schutz der Gesundheit? in: Der Staatsbürger, Folge 10, Beilage zu den Salzburger Nachrichten vom 7. 5. 1968.

[52] Erst 1964 erfolgte die Annahme vgl. auch International Labour Review, S. 371.

menrechnung von Versicherungs- und Beschäftigungszeiten, die nach den Rechtsvorschriften jeder der Vertragsparteien zurückgelegt wurden.

Es wird hier ein Zustand, der sich als Folge einer gesellschaftspolitischen Entwicklung ergeben hat, als Grundrecht ausgegeben. Die soziale Sicherheit ist ein Streben nach Sicherheit und Schutz des Einzelnen vor den Risiken des Lebens durch Mittel staatlicher Sozialpolitik[53]. Hier wird der Versuch unternommen, einen durch eine ideologieorientierte Politik herbeigeführten Zustand rechtlich zu unterbauen, um politischen Zielsetzungen einen zwingend notwendigen, allgemeingültigen Charakter zu verleihen. Ein Schutz vor den Lebensrisiken kann nämlich auch auf anderem als dem von der öffentlichen Hand geschaffenen Weg bereitet werden, etwa durch Sparen und Eigentumsbeschaffung, sowie den Abschluß privater Versicherungen. Dabei muß aber auch erkannt werden, daß die Eigentumsbeschaffung allein in einer Zeit ständiger Konjunkturschwankungen für die Massengesellschaft keine ausschließliche ausreichende soziale Sicherheit gewähren kann. Es wird daher ein entsprechender Mittelweg zu wählen sein, der die von Eigenleistung des Einzelnen mitgetragene Sozialversicherung ebenso kennt wie die zusätzliche Sicherung durch private Vorsorge, sei es durch Abschluß privater Versicherungen, des Erwerbs privaten Individualeigentums oder sonstigen Eigentums, zu dem auch der Staat, z. B. durch Ausgabe von Volksaktien, anleiten kann.

Artikel 13 sieht das *Recht auf Fürsorge* vor. Die Vertragsparteien haben danach

1. sicherzustellen, daß jedem, der nicht über ausreichende Mittel verfügt und sich diese auch nicht selbst oder von anderen, insbesondere durch Leistungen aus einem System der Sozialen Sicherheit verschaffen kann, ausreichende Unterstützung gewährt wird und im Falle der Erkrankung die Betreuung, die seine Lage erfordert;

2. sicherzustellen, daß Personen, die diese Fürsorge in Anspruch nehmen, nicht aus diesem Grunde in ihren politischen oder sozialen Rechten beeinträchtigt werden;

3. dafür zu sorgen, daß jedermann durch zweckentsprechende öffentliche oder private Einrichtungen die zur Verhütung, Behebung oder Milderung einer persönlichen oder familiären Notlage erforderliche Beratung und persönliche Hilfe erhalten kann;

4. die in den Absätzen 1, 2 und 3 genannten Bestimmungen auf die rechtmäßig in ihrem Hoheitsgebiet befindlichen Staatsangehörigen

---

[53] Siehe Johannes *Messner,* Die soziale Frage, 7. Auflage, Innsbruck-Wien-München, 1964, S. 146.

der anderen Vertragsparteien anzuwenden, und zwar auf der Grundlage der Gleichbehandlung und in Übereinstimmung mit den Verpflichtungen, die sie in dem am 11. Dezember 1953 zu Paris unterzeichneten Europäischen Fürsorgeabkommen übernommen haben.

Das *Recht auf Inanspruchnahme sozialer Dienste* (Artikel 14) wurde von der Beratenden Versammlung vorgeschlagen, nachdem die Drei-Parteien-Konferenz getagt hatte[54]. Danach sind die Vertragsparteien gehalten,

1. Dienste zu fördern oder zu schaffen, die unter Anwendung der Methoden der Sozialarbeit zum Wohlbefinden und zur Entfaltung des Einzelnen und der Gruppen innerhalb der Gemeinschaft beitragen, sowie zu ihrer Anpassung an die soziale Umgebung;

2. bei der Bildung und Durchführung dieser Dienste Einzelpersonen und freie oder andere Organisationen zur Beteiligung anzuregen.

Artikel 14 wird durch das Recht auf Fürsorge (insbesondere Absatz 3 des Artikel 13) bereits vorweggenommen und kann daher nur als Präzisierung eines bereits gewährten umfassenden Rechtes auf Fürsorge angesehen werden.

Artikel 15 ist ein Spezialfall des Rechtes auf Arbeit. Ein Ansatz findet sich daher auch schon im Artikel 1 Absatz 4, wo von beruflicher Wiedereingliederung gesprochen wird. Er behandelt nämlich das *Recht der körperlich oder geistig Behinderten auf Berufsausbildung, Rehabilitation und gesellschaftliche Wiedereingliederung.* Zur wirksamen Ausübung dieses Rechtes wird den Vertragsparteien die Verpflichtung auferlegt,

1. geeignete Maßnahmen zu treffen für die Bereitstellung von Ausbildungsmöglichkeiten, erforderlichenfalls unter Einschluß von öffentlichen oder privaten Sondereinrichtungen;

2. geeignete Maßnahmen zu treffen für die Vermittlung Behinderter auf Arbeitsplätze, namentlich durch besondere Arbeitsvermittlungsdienste, durch Ermöglichung wettbewerbsgeschützter Beschäftigung und durch Maßnahmen, die den Arbeitgebern einen Anreiz zur Einstellung von Behinderten bieten.

Zu diesem Problem bestehen bereits seit 1950 Ausführungen der ILO, die allerdings in Form von Empfehlungen gehalten sind, aber sehr umfangreiche und detaillierte Vorschläge zur Wiedereingliederung von Behinderten enthalten[55].

---

[54] International Labour Review, S. 372.

[55] Empfehlung 88 betreffend die berufliche Ausbildung (Erwachsene, einschließlich Invalide) 1950, Internationales Arbeitsamt, S. 883 ff. und Empfehlung 99 betreffend die berufliche Eingliederung und Wiedereingliederung der Behinderten 1955, a.a.O., S. 979.

Der Artikel 16, in dem die Familie eine besondere Erwähnung erfährt, statuiert das *Recht der Familie auf sozialen, gesetzlichen und wirtschaftlichen Schutz:*

„Um die erforderlichen Voraussetzungen für die Entfaltung der Familie als einer Grundeinheit der Gesellschaft zu schaffen, verpflichten sich die Vertragsparteien, den wirtschaftlichen, gesetzlichen und sozialen Schutz des Familienlebens zu fördern, insbesondere durch Sozial- und Familienleistungen, steuerliche Maßnahmen, Förderung des Baues familiengerechter Wohnungen, Hilfen für junge Eheleute und andere geeignete Mittel jeglicher Art".

Es wird hier nur von staatlicher Förderung der Familie ausgegangen, ohne in einem Nebensatz auch nur die Möglichkeit anzuerkennen, daß sich das Familienleben in einem bestimmten Maße auch aus eigener Kraft zu entfalten vermag. Nicht nur das Wohlergehen des Einzelnen, sondern auch die Entfaltung der Familie als einer Grundeinheit der Gesellschaft wird von staatlichen Maßnahmen abhängig gemacht. Eine Erwähnung von privaten Einrichtungen zur Förderung der Familie fehlt hier, obwohl zum Beispiel im Artikel 13 und 14 die Privatinitiative genannt und gefordert wird.

In engem Zusammenhang mit diesem Recht steht Artikel 17, der von einem *Recht der Mütter und der Kinder auf sozialen und wirtschaftlichen Schutz* spricht. Danach werden die Vertragsparteien alle hierzu geeigneten und notwendigen Maßnahmen treffen, einschließlich der Schaffung und Unterhaltung geeigneter Einrichtungen und Dienste.

In diesen beiden letzten Artikeln ist ein Ansatzpunkt zu einer Ausweitung des Schutzes der Europäischen Sozialcharta auf alle Berufsgruppen, ja auf alle Menschen, zu sehen.

Von besonderem Interesse erscheint nämlich in der Europäischen Sozialcharta die Stellung des Einzelnen als Arbeitnehmer am Arbeitsmarkt. Es ist dabei eine einseitige Ausrichtung der Bemühungen der Europäischen Sozialcharta auf die Arbeitnehmer feststellbar. So bezieht sich wohl das Vereinigungsrecht (Artikel 5) und das Recht auf Kollektivverhandlungen (Artikel 6) auf Arbeitgeber und Arbeitnehmer, die Bestimmungen über die soziale Sicherheit sind aber ausschließlich auf den Arbeitnehmer abgestellt. Dieser Standpunkt ist dem heutigen Stand der staatlichen Sozialpolitik nicht angepaßt, zumal die Sozialgesetzgebung sich schon auf die in bäuerlichen und gewerblichen Betrieben selbständig Erwerbstätigen bezieht. Entsprechende familienpolitische Maßnahmen kommen z. B. in Österreich nicht nur Angehörigen der Arbeitnehmer, sondern auch der Arbeitgeber zugute. In ähnlicher Weise erstrecken sich die detaillierten Mutterschutzbestimmungen des Art. 8

nur auf die weiblichen Arbeitnehmer, obgleich eine Europäische Sozialcharta dieses Recht allen Müttern, z. B. auch der Bäuerin, zuerkennen
sollte.

In der Landwirtschaft ist das Schutzbedürfnis, zum Beispiel der
schwangeren Frauen bzw. Mütter genauso groß, wenn nicht noch größer.
Wegen des Mangels an Arbeitskräften in der Landwirtschaft und wegen
der engen Verflechtung von Haushalt und Betrieb wird die Bäuerin
bzw. die in der Landwirtschaft tätige Frau in stärkerem Maße belastet,
aber in viel schwächerem Maße geschützt als die Arbeitnehmerinnen in
gewerblichen oder nicht-gewerblichen Berufen. Aber nicht nur auf diesem Gebiet, sondern auch im Gesundheits- und Sozialwesen klaffen
große legislatorische Lücken, obwohl auch hier das Schutzbedürfnis in
auffallender Disparität zum tatsächlich gewährten Schutz steht.

In den erst jüngst veröffentlichten Untersuchungsergebnissen eines
Ärzteteams an rund 1000 in Niederösterreich in der Landwirtschaft tätigen Personen gab es alarmierende Ergebnisse. Danach sind 82 % der
Untersuchten behandlungsbedürftig, 81 % davon stehen aber nicht in
ärztlicher Behandlung. Bereits rund 70 % aller weniger als 18 Jahre
alten untersuchten Personen sind ebenfalls krank bzw. behandlungsbedürftig[56]. Ähnliche Ergebnisse würden wahrscheinlich auch in anderen
Gegenden zutage treten. Sie veranschaulichen die dringende Notwendigkeit der Berücksichtigung der sozialen Lage der selbständig Erwerbstätigen und ihrer Familienmitglieder, vornehmlich der Bauern.

Schon bei den Beratungen, die zum Abschluß der Europäischen
Sozialcharta geführt haben, ist darauf hingewiesen worden, daß das
„soziale Problem willkürlich auf die Beziehungen zwischen Arbeitgebern und Arbeitnehmern" begrenzt werde[57]. Im Rahmen der CEA[58]
wurde denn auch der Entwurf einer sogenannten „Sozialcharta der
europäischen Landwirtschaft" ausgearbeitet[59], der „auch für die Landwirtschaft soziale Gerechtigkeit, sozialen Fortschritt und sozialen
Schutz" gewährleisten soll[60].

---

[56] Siehe dazu den Bericht in den „Salzburger Nachrichten" vom 21. Juni
1968, S. 4.

[57] So der Bericht der Landwirtschaftskommission in der Stellungnahme
zum Bericht des Expertenkomitees, nach Informations-Bulletin CEA, Jahrgang XVI, Nr. 1, 1966, S. 2.

[58] Die Confederation Europeenne de l'Agriculture umfaßt über 500 land-
wirtschaftliche und landwirtschaftsverwandte Organisationen und Institute
in 17 Ländern und vertritt die Interessen von insgesamt über 21 Millionen
Landwirten und ihren Familien.

[59] Siehe den Text in: Veröffentlichungen der CEA, Heft 30, Brugg-Schweiz
1965.

[60] Veröffentlichungen der CEA, a.a.O., S. 19.

Da durch die Europäische Sozialcharta hauptsächlich nur den unselbständig Erwerbstätigen — wohl auch in der Landwirtschaft — soziale Rechte zugebilligt werden, will die CEA durch ein Zusatzprotokoll oder durch eine entsprechende Abänderung der Europäischen Sozialcharta auch für die selbständig Erwerbstätigen in der Landwirtschaft eine soziale Besserstellung erwirken[61].

Nach diesen allgemein gehaltenen Rechten der Artikel 16 und 17, die auch auf selbständig Erwerbstätige als anwendbar angesehen werden können, verweisen die beiden letzten Artikel auf die internationale Problematik des sozialen Schutzes. Artikel 18 beinhaltet das *Recht auf Ausübung einer Erwerbstätigkeit im Hoheitsgebiet der anderen Vertragsparteien.* Die Vertragsparteien sind danach gebunden,

1. bestehende Vorschriften großzügig anzuwenden;

2. bestehende Formvorschriften zu vereinfachen und Verwaltungsgebühren und andere von ausländischen Arbeitnehmern oder ihren Arbeitgebern zu entrichtende Abgaben herabzusetzen oder abzuschaffen;

3. die Vorschriften über die Beschäftigung ausländischer Arbeitnehmer einzeln oder gemeinschaftlich zu liberalisieren;

4. das Recht ihrer Staatsangehörigen, das Land zu verlassen, um im Hoheitsgebiet anderer Vertragsparteien eine Erwerbstätigkeit auszuüben, anzuerkennen.

Im Zeitalter immer größer werdender wirtschaftlicher Verflechtung und politischer Integration gewinnen diese Bestimmungen besondere Bedeutung. Trotzdem sind sie nur im Zusammenhang mit bestehenden diesbezüglichen internationalen Übereinkommen sinnvoll, ja sie setzen diese geradezu voraus.

Eine eingehendere Regelung bezüglich des *Rechtes der Wanderarbeiter und ihrer Familien auf Schutz und Beistand* enthält Artikel 19. Die

---

[61] Vgl. dazu die Ausführungen von Mr. *Hauret,* Berichterstatter der Landwirtschaftskommission in der Beratenden Versammlung des Europarates, in: Informations-Bulletin CEA, a.a.O., S. 2 ff. und die Empfehlung der Beratenden Versammlung an den Ministerrat vom 27. Jänner 1966 über den sozialen Schutz der selbständigen Landwirte und der mit ihnen arbeitenden oder lebenden Familienmitglieder, a.a.O., S. 3. In Anbetracht der Zurückhaltung der zuständigen Instanzen des Europarates richteten die Vertreter der CEA auf ihrer Generalversammlung in Thessaloniki am 6. Oktober 1967 einen Appell an alle Regierungen der Länder Europas, in dem sie u. a. die Regierungen auffordern, „energisch zu intervenieren, damit der Sozialschutz ... für die selbständigen Landwirte und ihre Familienangehörigen baldmöglichst durch ein Zusatzprotokoll in die Europäische Sozialcharta des Europarates einbezogen wird". Siehe Text in: 19. Generalversammlung des Verbandes der europäischen Landwirtschaft CEA, S. 3 f.

Vertragsparteien verpflichten sich in diesem letzten Artikel des zweiten Teiles

1. geeignete Stellen zu unterhalten oder sich zu vergewissern, daß solche Stellen bestehen, die diese Arbeitnehmer unentgeltlich betreuen, insbesondere durch Erteilung genauer Auskünfte sowie im Rahmen des innerstaatlichen Rechts geeignete Maßnahmen gegen irreführende Werbung zur Auswanderung und Einwanderung zu treffen;

2. in den Grenzen ihrer Zuständigkeit geeignete Maßnahmen zur Erleichterung der Abreise, der Reise und der Aufnahme dieser Arbeitnehmer und ihrer Familien zu treffen und ihnen in den Grenzen ihrer Zuständigkeit während der Reise notwendige Gesundheitsdienste, ärztliche Betreuung und gute hygienische Bedingungen zu verschaffen;

3. soweit erforderlich, die Zusammenarbeit zwischen den öffentlichen und privaten sozialen Diensten der Auswanderungs- und der Einwanderungsländern zu fördern;

4. sicherzustellen, daß diese Arbeitnehmer, soweit sie sich rechtmäßig in ihrem Hoheitsgebiet befinden, nicht weniger günstig behandelt werden als ihre eigenen Staatsangehörigen in bezug auf die folgenden Gegenstände, soweit diese durch Rechtsvorschriften geregelt oder der Überwachung durch die Verwaltungsbehörden unterstellt sind:

   a) das Arbeitsentgelt und andere Beschäftigungs- und Arbeitsbedingungen;

   b) den Beitritt zu gewerkschaftlichen Organisationen und den Genuß der durch Gesamtarbeitsverträge gebotenen Vorteile;

   c) die Unterkunft;

5. sicherzustellen, daß diese Arbeitnehmer soweit sie sich rechtmäßig in ihrem Hoheitsgebiet befinden, nicht weniger günstig behandelt werden als ihre eigenen in Bezug auf die Steuern, Abgaben und Beiträge, die für den Arbeitnehmer auf Grund der Beschäftigung zu zahlen sind;

6. soweit möglich, die Zusammenführung eines zur Niederlassung im Hoheitsgebiet berechtigten Wanderarbeitnehmers mit seiner Familie zu erleichtern;

7. sicherzustellen, daß diese Arbeitnehmer, soweit sie sich rechtmäßig in ihrem Hoheitsgebiet befinden, nicht weniger günstig behandelt werden als ihre eigenen Staatsangehörigen in bezug auf die Möglichkeit, hinsichtlich der in diesem Artikel behandelten Angelegenheiten den Rechtsweg zu beschreiten;

8. sicherzustellen, daß diese Arbeitnehmer, soweit sie in ihrem Hoheitsgebiet ihren rechtmäßigen gewöhnlichen Aufenthalt haben, nur ausgewiesen werden können, wenn sie die Sicherheit des Staates gefährden oder gegen die öffentliche Sicherheit und Ordnung oder gegen die Sittlichkeit verstoßen;

9. innerhalb der gesetzlichen Grenzen die Überweisung der Teile des Verdienstes und der Ersparnisse zuzulassen, die diese Arbeitnehmer zu überweisen wünschen;

10. den in diesem Artikel vorgesehenen Schutz und Beistand auf die aus- oder einwandernden selbständig Erwerbstätigen zu erstrecken, soweit solche Maßnahmen auf diesen Personenkreis anwendbar sind[62].

---

[62] Auf diesem Gebiet bestand auch schon das ILO-Übereinkommen 97 über Wanderarbeiter (Neufassung) 1949, Internationales Arbeitsamt S. 839 ff.

IV. Die Europäische Sozialcharta und der soziale Rechtsstaat

Die Rechte der Europäischen Sozialcharta zeigen, daß die *Sozialcharta* dem Gesetzgeber einen Rahmen angibt, in dem er die Ziele der vertragschließenden Staaten verwirklichen kann. In dieser Weise *enthält* sie einen *Sozialgestaltungsauftrag*, der auf die Herbeiführung eines sozialen Rechtsstaates abgestellt ist. Sie kann sich dabei als Auftrag zur Sozialgestaltung der Rechtsordnung nicht mit dem nur auf die Sicherung der bestehenden Ordnung gerichteten Rechtsbewahrungsstaat, der vor allem im Dienste des Rechts- und Machtzweckes tätig ist[1], begnügen.

Dieser *Rechtsstaat ist im 19. Jahrhundert* aus der spezifischen Situation seiner Entstehung historisch verständlich, in welcher der Staatsbürger in der Anwendung des Rechtes nach gewissen von der liberalen Rechtsstaatstheorie[2] entwickelten und geforderten Formen die Sicherung seines Status sah. Trennung der Gewalten, Bindung der Vollziehung an die Gesetze, Unabhängigkeit der Richter, Schutz der Grundrechte durch eine Gerichtsbarkeit öffentlichen Rechtes schienen Garantien genug zu sein, um die Errungenschaften des Liberalismus gegenüber dem Staat abzusichern. Man wähnte den Monarchen und seine Exekutive, die man mit dem Staat identifizierte, als größte Gefahr für die Freiheit des Bürgers. Aus der Vergangenheit der polizeistaatlichen Verwaltungspraxis war dies auch ein verständliches und wichtiges Anliegen. Im Gesetz, das unter Beteiligung der Vertretung des Volkes zustande kam und das für die Verwaltung bindend war, sah das liberale Rechtsstaatsdenken den Garanten der Freiheit. Der Inhalt der Gesetze zielte meist auf die Bewahrung der einmal errungenen Ordnung ab. Konstitutionalismus und Liberalismus fanden ihren Ausdruck in einem

---

[1] Siehe Adolf *Merkl*, Reine Rechtslehre und Moralordnung, Österr. Zeitschrift für öffentliches Recht, 1961, Bd. XI NF, S. 303 und Herbert *Schambeck*, The Development of Austrian Administrative Law, Revue internationale des sciences administratives, Vol. XXVIII, 1962, Nr. 2, S. 226 ff. Beachte auch Gerhard *Müller*, Der Gedanke des sozialen Staates in der bisherigen Rechtsprechung des Bundesarbeitsgerichtes, „Der Betrieb", 1956, S. 524 ff.

[2] Vgl. Otto *Bähr*, Der Rechtsstaat, Cassel und Göttingen 1864; Rudolf *von Gneist*, Der Rechtsstaat und die Verwaltungsgerichte in Deutschland, Berlin 1872; Richard *Thoma*, Rechtsstaatsidee und Verwaltungsrechtswissenschaft, Jahrbuch des öffentlichen Rechts der Gegenwart, Bd. IV, 1910, S. 196 ff. und Robert *von Mohl*, Die Polizei-Wissenschaft nach den Grundsätzen des Rechtsstaates, 2 Bde., Tübingen 1832/33, dazu siehe Erich *Angermann*, Robert von Mohl, Neuwied 1962.

Verfassungs- und Staatsaufbau, der der Ideologie des Bürgertums des 19. Jahrhunderts entsprach[3]. Leben, Freiheit und Eigentum wurden als Höchstwerte angesehen. Als Gefahrenquelle für diese drei Grundwerte erachtete man aber einzig und allein den Staat. Diesen Staat daher im Zaum zu halten, seine Gewalten zu bändigen, ihn zu beschränken, um dadurch die freie Entwicklung des Einzelnen nicht zu behindern, dies war oberstes Ziel liberalen Rechtsstaatsdenkens. Ein abstinenter Staat war ein guter Staat.

Der Schutz der wohlerworbenen individuellen Rechte, die auf den Grundwerten Leben, Freiheit, Eigentum aufbauen, stand im Zentrum rechtsstaatlichen Bemühens dieser Zeit. Die Problematik dieser Rechtsstaatslehre lag in negativen Aspekten[4]. Den wuchernden Polizeistaat als historisches Beispiel vor Augen wurde die Staatstätigkeit zurückgeschnitten. Der Staat als „Vereinigung einer Menge von Menschen unter Rechtsgesetzen"[5] erfuhr eine Konfirmierung auf die ihm durch das positive Recht — im besonderen durch das Gesetz — zugewiesenen Bereiche. Dabei solle allein „die Erhaltung der Sicherheit sowohl gegen auswärtige Feinde, als innerliche Zwistigkeiten den Zweck des Staates ausmachen und seine Wirksamkeit beschäftigen . . ."[6].

Die Beschränkung des Staates auf Macht- und Rechtszweck war das rechtsstaatliche Ideal der liberalen Staatsdoktrin. Der Expansion der Staatsgewalt im absolutistischen Staat folgte nun im liberalen Rechtsstaat eine weitgehende Restriktion der Staatsgewalt. Polemisch aber durchaus zutreffend kennzeichnet Ferdinand Lasalle diesen Staat als „Nachtwächterstaat"[7].

---

[3] Ernst Rudolf *Huber*, Nationalstaat und Verfassungsstaat, Stuttgart 1965, S. 250 f. charakterisiert diese Gesellschaft durch vier Merkmale: „Erstens durch das freie Selbstbestimmungsrecht des einzelnen in seinem staatsfreien Bereich, besonders in der Wirtschaft und Kultur; zweitens durch die Selbstregulierung des wirtschaftlichen und kulturellen Schaffensprozesses im freien Spiel der Kräfte; drittens durch das Erreichen eines maximalen wirtschaftlichen und kulturellen Leistungsstandards im freien Leistungswettbewerb; viertens durch das Entstehen einer neuen, mit Bildung und Besitz ausgezeichneten Oberschicht unter Einebnung der alten privilegierten Stände, besonders des Grundadels".

[4] Horst *Ehmke*, „Staat" und „Gesellschaft" als verfassungstheoretisches Problem, in: Staatsverfassung und Kirchenordnung, Festgabe für Rudolf Smend, Tübingen 1962, S. 33.

[5] Immanuel *Kant*, Die Metaphysik der Sitten, II. Teil: Das öffentliche Recht, § 45.

[6] Wilhelm *von Humboldt*, Ideen zu einem Versuch, die Grenzen der Wirksamkeit des Staates zu bestimmen, Werke in 5 Bänden, hrsgb. von A. *Flintner* und K. *Giel*, Stuttgart 1960, Bd. 1, S. 96.

[7] Ferdinand *Lasalle*, „Arbeiterprogramm", Rede „Über den besonderen Zusammenhang der gegenwärtigen Geschichtsperiode mit der Idee des Arbeiterstandes", gehalten am 12. April 1862 in Berlin im Handwerkerverein der Oranienburger Vorstadt; abgedruckt in: Ferdinand Lassalles Gesammelte Reden und Schriften, herausgegeben und eingeleitet von Eduard *Bernstein*, Band II, Berlin 1920/21, S. 195.

Der Mensch dieses Rechtsstaatstypus war gekennzeichnet durch die in den Freiheitsrechten abgesteckten Eingriffsschranken. Eine „entpolitisierte, private, individualistisch, nicht sozial verstandene Gesellschaft"[8] war mit der Zeit diesem Staat, dem liberalen Rechtsstaat, gegenübergetreten. Der Bürger wurde dem Staat entfremdet und sah in ihm eher ein durch das „Princip der Nothwendigkeit"[9] gerechtfertigtes Gefüge von Rechtsvorschriften als eine von sozialer und soziologischer Notwendigkeit getragene politische Gemeinschaft.

Gesellschaft und Staat wurden zu zwei konträren Größen; deren eine der Staat, wurde mit den Techniken liberaler Rechtsstaatsdoktrin gebändigt. Die Gesellschaft als soziologische Einheit entwickelte ihr selbständiges Eigenleben aber parallel oder sogar konträr zum juristischen Verband des Staates.

Ein ähnlicher Dualismus prägte in immer stärkerem Maße auch das Rechtsdenken dieser Zeit. Ausgehend vom Kantschen „Staat in der Idee, wie er nach reinen Rechtsprinzipien sein soll, welche jeder wirklichen Vereinigung zu einem gemeinen Wesen . . . zur Richtschnur (norma) dient"[10], wurde die formale Seite des Rechtsstaates betont und ausgeführt, der Begriff des Rechtsstaates bedeute „nicht etwa, daß der Staat bloß die Rechtsverordnung handhabe, ohne administrative Zwecke oder vollends bloß die Rechte der Einzelnen schütze, er bedeutet überhaupt nicht Ziel und Inhalt des Staates, sondern nur Art und Charakter, dieselben zu verwirklichen"[11].

Die Betonung des formalen Elementes der liberalen Rechtsstaatslehre fand ihren Ausdruck im juristischen Positivismus des ausgehenden 19. Jahrhunderts und namentlich in der Wiener Schule der Jurisprudenz, wie sie Hans Kelsen begründete[12]. Kelsen selbst geht von einer dualistischen Weltanschauung aus[13] und konzipiert in seiner Reinen Rechtslehre ein allein auf die Kategorie des Sollens abgestelltes System des Rechtes.

---

[8] *Ehmke*, a.a.O., S. 39.

[9] *Humboldt*, a.a.O., S. 222.

[10] *Kant*, a.a.O.

[11] Friedrich Julius *Stahl*, Philosophie des Rechtes, 2. Auflage, Heidelberg 1946, S. 106.

[12] Beachte Die Wiener rechtstheoretische Schule, Schriften von Hans *Kelsen*, Adolf *Merkl*, Alfred *Verdross*, hgb. von Hans *Klecatsky*, René *Marcic*, Herbert *Schambeck*, 2 Bände, Wien-Salzburg 1968.

[13] In der Vorrede zur 1. Auflage seiner „Hauptprobleme der Staatsrechtslehre", Tübingen 1911 sagt er: „Ich finde als Rechtfertigung meiner dualistischen Weltanschauung im Grunde keine andere ehrliche Antwort als die: Ich bin nicht Monist. So unbefriedigend ich auch eine dualistische Konstruktion des Weltbildes empfinde, in meinem Denken sehe ich keinen Weg, über den Zwiespalt zwischen Ich und Welt, Seele und Leib, Form und Inhalt, kurz über die ewige Zweiheit hinwegzuführen."

Das Sollen, als „objektives" Sollen, eine geltende, verbindliche „Norm"[14] wird dem Sein gegenübergestellt[15]. Von diesem strengen Dualismus ausgehend erscheint die Reine Rechtslehre als ein nach formallogischen Prinzipien aufgebautes System. Durch die Theorie der Reinen Rechtslehre erscheinen auch die Bestrebungen liberalen Rechts- und Staatsdenkens weitestgehend gesichert: Die Rechtssicherheit[16], das Rückgrat des liberalen Rechtsstaatsdenkens, wurde durch eine nur an gesetzten Rechtsnormen orientierte Jurisprudenz, die jede materiale Wertung und dadurch vermeintlich jeden außerrechtlichen Einfluß ablehnt[17], in höchstem Maße gewährleistet[18]. Das Absehen von Gerechtigkeitsüberlegungen und den Realfaktoren des Rechtes sowie das Beharren auf dem streng formal-juristischen Standpunkt zielt zwar „auf Objektivität und Unparteilichkeit von Recht und Rechtsprechung" ab, konnte aber umgekehrt „Rechtsmißbrauch und Perpetuierung der Ausbeutung der Schwachen durch die Starken" nicht verhindern[19].

Der Gegensatz von Gerechtigkeit als Sicherung materialer Werte durch das Recht und bloß formaler Rechtssicherheit als normlogischer, schematisierter und perfektionierter Ablauf des Rechtskonkretisierungsprozesses, allenfalls unter Einbau von Kontrollinstanzen als Fehlerkalkül[20], kann aber in Extremfällen problematisch werden[21]; freilich vermag hier der juristische Positivismus keine Lösung anzubieten. Gustav Radbruch versucht in Abkehr von einem extremen Rechtspositivismus einen solchen Konflikt zwischen Gerechtigkeit und Rechtssicherheit mit dem Vorschlag zu lösen, daß das positive, durch Satzung und Macht ge-

---

[14] Hans *Kelsen*, Reine Rechtslehre, 2. Auflage, Wien 1960, S. 7.

[15] *Kelsen*, a.a.O., S. 405. „Aus einem Sein kann kein Sollen, aus einer Tatsache keine Norm geschlossen werden; dem Sein kann kein Sollen, den Tatsachen können keine Normen, der empirischen Wirklichkeit kann kein Wert immanent sein."

[16] Dietrich *Schindler*, Verfassungsrecht und soziale Struktur, 4. Auflage Zürich 1967, S. 30 f., bezeichnet die Sicherheit als ein „dem Recht inhärentes Merkmal" und sieht sie dreidimensional als eine inhaltliche (Präzision, Klarheit, Einfachheit, Praktikabilität)und zeitliche Komponente (Konstanz des Rechts) und als Zuverlässigkeit der praktischen Durchführung der Rechtsnormen.

[17] Vgl. *Kelsen*, a.a.O., S. 409.

[18] *Kelsen*, a.a.O., S. 257 spricht davon, daß „das Prinzip des Rechtsstaates... im wesentlichen das Prinzip der Rechtssicherheit ist".

[19] Erich *Fechner*, These Nr. 7, in: Sein und Sollen im Erfahrungsbereich des Rechts, Milano-Gardone Riviera 1967, S. 42.

[20] Siehe dazu etwa Adolf *Merkl*, Allgemeines Verwaltungsrecht, Wien 1927, S. 196.

[21] *Schindler*, a.a.O., S. 31 sieht in der Sicherheit — richtigerweise — nur das Merkmal eines einzigen Moments des Rechts (das Moment der Ordnung), welches aber in dialektischer Zuordnung zu den anderen Momenten von diesen in seiner Tragweite eingeschränkt werden muß. Eine zu starke Betonung der Sicherheit führt demnach auch zur Starrheit des Rechtes.

sicherte Recht auch dann den Vorrang hat, wenn es inhaltlich ungerecht und unzweckmäßig ist, „es sei denn, daß der Widerspruch des positiven Gesetzes zur Gerechtigkeit ein so unerträgliches Maß erreicht, daß das Gesetz als ‚unrichtiges Recht‘ der Gerechtigkeit zu weichen hat"[22].

An dieser Problematik von Gerechtigkeit und Rechtssicherheit werden die Grenzen der aus dem 19. Jahrhundert stammenden Rechtsstaatlichkeit deutlich[23]. Ein solcher Rechtsstaatsbegriff ist nicht auf eine realitätsbezogene Rechtsbetrachtung abgestellt, weswegen, wie Adolf Merkl aufgedeckt hat, ein engerer Begriff des Rechtsstaates auf „Staaten von bestimmter Beschaffenheit" angewendet werden muß[24], also von einem sogenannten formellen Rechtsstaatsbegriff ein materieller Rechtsstaat unterschieden wird, der dann „bei allem Wechsel des Inhaltes im Laufe seiner Geschichte ein Staat (ist), der dem jeweiligen Ideal von Recht und Staat entspricht"[25]. Es wird die wissenschaftliche Begriffsbestimmung des Rechtsstaates als an einem politischen Werturteil orientiert angesehen, so daß mit dem Wechsel dieses Werturteiles, je nach Weltanschauung und politischer Grundeinstellung, auch die Begriffsbestimmung des Rechtsstaates wechselt[26]. Die Betrachtung der Reinen Rechtslehre legt denn auch auf eine rechtsinhaltliche Bestimmung des Rechtsstaatsprinzipes keinen besonderen Wert und verweist diesbezügliche Betrachtungen und Untersuchungen über den idealen materiellen Rechtsstaat in außerjuristische Bereiche, die sie als metajuristisch, politisch oder ideologisch bedingt bezeichnet. Gerade aber um den jeweiligen materiellen Gehalt der Rechtsstaatsidee geht es in der politischen Entwicklung und in der Staatengeschichte. Wenn gesagt wurde, daß das Prinzip der Rechtssicherheit die Vorhersehbarkeit und die Berechenbarkeit staatlichen, das hieß im 19. Jahrhundert noch eher obrigkeitlich-selbstherrlichen Handelns ermöglichte, dann ist auch hierin als Hauptzweck die Sicherung der Freiheit des Individuums zu sehen. Im Aufbau und Ausbau einer lückenlosen Rechtsordnung, d. h. geordneten Rechtsordnung mit institutionellen Garantien und Sicherungen gegen gesetzwidriges Staatshandeln, drückt sich diese Zielvorstellung der Rechtssicherheit[27] aus. Auch hierin liegt das Ziel und der Sinn des

---

[22] Gustav *Radbruch*, Rechtsphilosophie, Anhang, 6. Auflage, Stuttgart 1963, S. 353.

[23] Nach *Kelsen*, Allgemeine Staatslehre, Berlin-Heidelberg-New York 1925, S. 91 ist jeder Staat — der autokratische wie der demokratische — ein Rechtsstaat im formalen Sinn.

[24] Adolf *Merkl*, Die Wandlungen des Rechtsstaatsgedankens, Öst. Verwaltungsblatt, 8. Jahrgang 1937, S. 174.

[25] *Merkl*, a.a.O., S. 175.

[26] *Merkl*, a.a.O., S. 174.

[27] Hans *Peters*, Rechtsstaat und Rechtssicherheit, in: Recht-Staat-Wirtschaft, 3. Bd., Düsseldorf 1951, S. 66 sieht im Rechtsstaat in erster Linie ein Mittel zur Erreichung der Rechtssicherheit.

Rechtsstaates: Willkür um der Freiheit des Menschen willen[28] auszuschließen.

Im liberalen Rechtsstaatsdenken leuchtet als höchstes Ziel immer wieder die Absicht, dem Menschen seine Freiheit zu geben und zu gewährleisten. *Individueller Freiheitsschutz* ist somit der materiale Gehalt des liberalen Rechtsstaates. Hans Klecatsky hat daher auch erklärt: „Das Gesetz hebt den schwachen Einzelnen auf die Stufe des starken Kollektivs"[29]. Auf diese Weise hat durch den Schutz der Freiheit dieser Rechtsstaat einen Wert gesichert, nämlich die Freiheit, die zur vollen Entfaltung der Persönlichkeit des Einzelnen erforderlich ist.

Die Geschichte der Entwicklung der Menschenrechte veranschaulicht dieses Bemühen um die Freiheit in den einzelnen historischen Phasen: Die Freiheit mußte gegenüber dem Staat errungen werden. Im Kampf gegen die leviathanische Macht des Staates entstand der Freiheitsbegriff des liberalen Zeitalters daher auch als Kampfbegriff. Der Grundsatz der Rechtssicherheit enthält in diesem Zusammenhang einen sinnvollen Bezug; denn an sich kann die Rechtssicherheit nur subsidiäre und auxiliäre Bedeutung erlangen. Erst im Zusammenhang mit einem höheren Wert gewinnt der Begriff der Rechtssicherheit qualifizierte Bedeutung. Im Dienste dieses höheren Wertes — hier im Falle des liberalen Rechtsstaatsbegriffes ist es die Freiheit des Einzelmenschen — erfüllt die Rechtssicherheit eine existentielle Funktion.

Philosophisch untermauert von der deutschen idealistischen Philosophie wird unter Berufung auf die „reine a priori gesetzgebende Vernunft, die auf keinen empirischen Zweck Rücksicht nimmt"[30], die Freiheit in Frontstellung zum absolutistischen Staat der damaligen Zeit als Forderung nach Respektierung einer Individualsphäre errungen und im und durch das Recht gesichert. Die Freiheit vom Staate, die Absonderung, ja Entgegensetzung einer privaten Sphäre, die Negation des Staates im und durch den eigenen Freiheitsbereich, die Unabhängigkeit des Einzelnen vom Staat war erklärtes Ziel dieser liberalen Rechtsstaatsauffassung. Die Macht des Staates sollte durch das Recht in Grenzen gehalten werden[31]. Dadurch ist Willkür ausgeschlossen[32] und die Freiheit

---

[28] Siehe dazu näher René *Marcic*, Die Sache und der Name des Rechtsstaates in: Gedanke und Gestalt des demokratischen Rechtsstaates, hgb. Max *Imboden*, Wien 1965, S. 54 ff., S. 65.

[29] Hans *Klecatsky*, Die verfassungsrechtliche Problematik des modernen Wirtschaftsstaates, Grazer Universitätsreden, Graz 1968, S. 7.

[30] Immanuel *Kant*, Über den Gemeinspruch: Das mag in der Theorie richtig sein, taugt aber nicht für die Praxis, II. Vom Verhältnis der Theorie zur Praxis im Staatsrecht.

[31] *Kelsen*, Reine Rechtslehre, 2. Ausgabe, S. 221 sagt, „daß das Recht zwar nicht ohne Macht bestehen kann, daß es aber doch nicht identisch ist mit der Macht". Das Recht ist vielmehr „eine bestimmte Ordnung (oder Organisation) der Macht".

der Person gewährleistet. Die Beschränkung und Mäßigung der Macht des Staates allein sollte die Freiheit der Person sichern. Eine negative, d. h. dem Staat gegenüber ablehnende Sinndeutung der individuellen Freiheit eignet diesem Rechtsstaatdenken und wird nach Richard Bäumlin[33] als „notwendige Voraussetzung der Selbstentfaltung des Individuums" angesehen. Erst durch die Sicherung der individuellen Freiheit kann als höchstes Ziel die Sicherung der Menschenwürde erreicht werden. Es nimmt also auch die Freiheit eine „dienende Funktion" ein und sie ist daher auch nicht der letzte Wert, auf den der Rechtsstaat bezogen ist. Der Wert der Freiheit findet insofern noch eine Überhöhung durch die Idee der Menschenwürde, so daß man sagen kann, „der Rechtsstaat sei der auf die Idee der Menschenwürde bezogene Staat, indem er durch seine Rechtsordnung ihre Achtung sichere".

Als konstituierendes Element des sogenannten liberalen Rechtsstaates erkennen wir deswegen auch die Freiheit der autonomen sittlichen Persönlichkeit. Nur ein von staatlichem Zwang und obrigkeitlicher Determinierung freier Mensch kann die „positive Freiheit zu sittlicher Selbstbestimmung"[34] in Anspruch nehmen und so zur vollen Entfaltung seiner Persönlichkeit gelangen.

Dieser individualistischen Freiheitsauffassung eignet aber auch eine andere Seite, nämlich jene, die in sich den Keim zur Unterdrückung und Unfreiheit trägt, indem sie dem sozial Mächtigen, insbesondere auf dem Sektor der wirtschaftlichen Freiheiten, die Möglichkeit der „Über-Determination" anderer, sozial Schwächerer offenläßt. Das Bild von der sozialen Harmonie als einer gesellschaftlichen Regelungsautomatik verdeckte diese Problematik. Der gegenüber dem Staat selbstherrlich erstandene freie Bürger hatte den Staat bezwungen und fürchtete dabei auch nicht die Gefahren, die aus der gesellschaftlichen Situation im Entstehen begriffen waren.

Der Rückzug des Individuums in den abgezirkelten Bereich staatsfreier Sphäre hatte konsequent weitergeführt die Trennung von Staat und Gesellschaft zur Folge. Der Staat wurde sich selbst überlassen. Nachdem man die Durchrechtlichung aller Bereiche des Staates annähernd erreicht zu haben schien — insbesondere als die Verwaltung dem Gebot der Gesetzmäßigkeit aller ihrer Akte unterworfen war — verließ man sich „im spätkonstitutionellen Staat zum Ausgang des 19. Jahrhunderts

---

[32] Immanuel *Kant*, Die Metaphysik der Sitten, Metaphysische Anfangsgründe der Rechtslehre, Einleitung in die Rechtslehre, § B. Was ist Recht? erklärt: „Das Recht ist also der Inbegriff der Bedingungen, unter denen die Willkür des einen mit der Willkür des andern nach einem allgemeinen Gesetze der Freiheit zusammen vereinigt werden kann."

[33] Richard *Bäumlin*, Die rechtsstaatliche Demokratie, 1954, S. 87.

[34] Werner *Maihofer*, Rechtsstaat und menschliche Würde, Frankfurt am Main 1968, S. 73.

darauf, daß in ihm Mäßigung der politischen Macht, Achtung vor der menschlichen Persönlichkeit und ein zureichendes Maß materieller Gerechtigkeit in der Gesetzgebung selbst durch den Verfassungstaat gesichert war"[35].

Die wirtschaftliche und soziale Entwicklung ging aber mit der liberalen Staats- und Rechtsauffassung nicht konform. Es ergaben sich Spannungen, die mit den herkömmlichen rechtsstaatlichen Mitteln und Wegen nicht bewältigt werden konnten. Die liberale Gesellschafts-, Wirtschafts- und Staatskonzeption war auf das Bürgertum abgestellt, das im Widerstreit mit dem selbstherrlichen Absolutismus und der überkommenen ständischen Ordnung erfolgreich gewesen war, erfaßte aber nicht den Großteil der Bevölkerung, nämlich die wachsende Zahl unselbständiger Erwerbstätiger.

Die politische Ordnung des Liberalismus war statisch und mußte vom aufstrebenden vierten Stand als starr empfunden werden. Der Staat wurde für wirklichkeitsfremd erachtet. Was für die einen Freiheit bedeutete, brachte den anderen Unfreiheit, Not und Elend. Auf revolutionärem Wege sollten nach dem Marxismus die Klassenunterschiede aufgehoben werden und eine homogene spannungslose, weil klassenlose Gesellschaft entstehen. Ist auch diese radikale marxistische Auffassung in der politischen Welt nur beschränkt zum Tragen gekommen, so hat diese Ideologie die bürgerliche Gesellschaft doch in ihren Grundfesten erschüttert. Die „soziale Frage" — nicht nur als Arbeiterfrage — sondern als „Frage der Wirtschafts- und Sozialordnung im ganzen"[36] wurde auch zum Grundproblem der Politik, des Staates und des Rechtes.

Die Diskrepanz von staatlich normativer Ordnung und tatsächlicher sozialer Ordnung, die um die Mitte des vorigen Jahrhunderts bereits erkannt wurde, machte die *soziale Frage* auch *zum Anliegen der Staatswissenschaft*. Frühere Bemühungen versuchen die „soziale Frage" noch ohne Eingreifen des Staates zu bewältigen[37]. Als Theoretiker sozialstaatlicher Reformideen erlangte Lorenz von Stein Einfluß und Be-

---

[35] Ulrich *Scheuner*, Die neuere Entwicklung des Rechtsstaates in Deutschland, in: Hundert Jahre deutsches Rechtsleben, Festschrift zum hundertjährigen Bestehen des Deutschen Juristentages 1860—1960, Bd. II, Karlsruhe 1960, S. 229 f.

[36] Johannes *Messner*, Die soziale Frage, 7. Auflage, Innsbruck-Wien-München 1964, S. 21.

[37] Johannes *Messner*, a.a.O., S. 298 ff. zeigt z. B. als Lösungsversuche der christlichen Sozialreformer auf: Die patriarchalische Lösung, den caritativen Weg, den seelsorglichen Weg, den sozialpädogogischen Weg, den Selbsthilfeweg, die konstitutionelle Lösung (hier: im Sinne einer Mitbestimmung der Arbeitnehmer auf Grund der Betriebsverfassung) und die berufsständische Lösung.

deutung[38]. Im Gegensatz zu der liberalen Rechtsstaatsdoktrin seiner Zeit vertrat Stein die Auffassung, daß der Staat auch positive Leistungen erbringen müsse und das Königtum und seine Verwaltung zum Schrittmacher der sozialen Reform werden müßten. Durch die Sicherung der personalen Freiheit der abhängigen Schichten durch den Staat[39] wollte er seinen Sozialstaatsgedanken verwirklicht sehen.

Entscheidende Bedeutung für die Weiterentwicklung des Sozialstaatsgedankens erlangten die Vertreter der jüngeren Schule der deutschen Nationalökonomie[40], die sogenannten „Kathedersozialisten". Nach ihren Plänen sollten die staatstragenden Kräfte, König- und Beamtentum vereint mit dem Parlament, die „Initiative zu einer großen sozialen Reformgesetzgebung ergreifen"[41]. Die fortschrittliche deutsche Sozialgesetzgebung in der Ära Bismarck geht zu einem Großteil auf Gedankengut der Schmoller'schen Schule zurück. Die soziale und politische Emanzipation der wirtschaftlich schwächer gestellten abhängigen Arbeitnehmer ist aber erst nach dem 1. Weltkrieg in ein entscheidendes Stadium getreten.

---

[38] Beachte Lorenz *von Stein,* Geschichte der sozialen Bewegung in Frankreich von 1789 bis auf unsere Tage, Ausgabe hgb. von Gottfried *Salomon,* 3 Bd., München 1921; Ernst Rudolf *Huber,* nennt ihn in seinem Essay Lorenz von Stein und die Grundlegung der Idee des Sozialstaates, Nationalstaat und Verfassungsstaat, Stuttgart 1965, S. 127 ff. den „ersten großen Verfechter" des Prinzips des Sozialstaates.

[39] E. R. *Huber,* a.a.O., S. 142.

[40] Siehe Gustav *Schmoller,* Zur Geschichte der deutschen Kleingewerbe im 19. Jahrhundert, Halle 1870; *derselbe,* Zur Methodologie der Staats- und Sozialwissenschaften, Jahrbücher für Gesetzgebung, Verwaltung und Volkswirtschaft 7 (1883); *derselbe,* Grundriß der allgemeinen Volkswirtschaftslehre, I. Teil, 2. Auflage, Leipzig 1923, II. Teil, 2. Auflage, Leipzig 1923; Lujo *Brentano,* Die Arbeitergilden der Gegenwart, 2 Bände, Leipzig 1871—1872; *derselbe,* Das Arbeitsverhältnis gemäß dem heutigen Recht, Leipzig 1877; *derselbe,* Ist das „System Brentano" zusammengebrochen? Über Kathedersozialismus und alten und neuen Merkantilismus, Berlin 1918, 2. Auflage 1918; *derselbe,* Eine Geschichte der wirtschaftlichen Entwicklung Englands, 4 Bände, Jena 1927—1929; *derselbe,* Mein Leben ein Kampf um die soziale Entwicklung Deutschlands, Jena 1931; Albert *Schäffle,* Bau und Leben des sozialen Körpers, 4 Bände, Tübingen 1875—1878; *derselbe,* Die Quintessenz des Sozialismus, Gotha 1875, 16. Auflage, 1919; *derselbe,* Die Aussichtslosigkeit der Sozialdemokratie, 4. Auflage, Tübingen 1891; *derselbe,* Die Grundsätze der Steuerpolitik, Tübingen 1880; *derselbe,* Die Steuern, Leipzig 1895—1897 und Adolf *Wagner,* Beiträge zur Theorie der Banken, Leipzig 1857; *derselbe,* Die Ordnung des österreichischen Staatshaushaltes, Wien 1863; *derselbe,* Finanzwissenschaft, 4 Bände (von 1871—1901 in mehreren Auflagen); *derselbe,* Rede über die soziale Frage, Berlin 1872; *derselbe,* Allgemeine oder theoretische Volkswirtschaftslehre, 2 Teile, Leipzig-Heidelberg 1875—1876, 2. Teil, Leipzig 1894. A. Auflage in drei Bänden, Leipzig 1907—1909; *derselbe,* Sozialismus, Sozialdemokratie, Katheder- und Staatssozialismus, Berlin 1895 sowie *derselbe,* Die Strömungen in der Sozialpolitik und der Katheder- und Staatssozialismus, Berlin 1912.

[41] Karl Erich *Born,* Idee und Gestalt des sozialen Rechtsstaates in der deutschen Geschichte, in: Sozialer Rechtsstaat — Weg oder Irrweg? Bad Godesberg 1963, S. 89.

Durch die Differenzierung und Komplizierung der Lebenssachverhalte in der Gesellschaft des 20. Jahrhunderts — insbesonders seit dem 1. Weltkrieg — sind die gesellschaftlichen Probleme und Spannungsmomente zwingender geworden. Angesichts der neuen sozialen, wirtschaftlichen und politischen Verhältnisse ist auch der Staat einschneidenden Wandlungen und Veränderungen unterworfen worden. Der herkömmliche Staat, der mit seinen Institutionen und Funktionen aus einer bestimmten historischen Situation entstanden ist und nur unter jeweils denselben Realien seinem Ideal gerecht werden kann, war in eine neue Phase der Geschichte getreten und mußte den neuen Verhältnissen angepaßt werden. Das Gemeinwesen wurde im 20. Jahrhundert mit anderen soziologischen Verhältnissen und mit anderen Aufgaben konfrontiert. Die technische und wirtschaftliche Entwicklung, der arbeitsteilige Produktionsprozeß, die internationale Interdependenz, die sozialen Probleme im Anhang an Kriege und Wirtschaftskrisen überforderten die Mittel des hergebrachten Staatsapparates. Der Ruf nach „so wenig Staat wie möglich" ist in unserer industriellen Gesellschaft der Forderung nach verstärktem staatlichen Engagement gewichen. Der Staat hat eine neue Aufgabe zugedacht bekommen: Neben Sicherheitsgarant soll er auch Wohlstandsgarant sein! Aus Angst vor den Wechselfällen und Gefahren des Lebens wird dem Staat die Rolle des Beschützers zugedacht. Angesichts der Gefühle der Ohnmacht und des Ausgeliefertseins in Notfällen, Katastrophen und Kriegszeiten sinkt die Risikobereitschaft des Einzelmenschen. Er überträgt einem Stärkeren die Sicherungsaufgaben für eine eventuelle existentielle Notlage; auf Grund der demokratischen Staatsform überträgt er sie freiwillig, delegiert er sie rechtmäßig, d. h. in Formen, die ihm die Rechtsordnung ermöglicht, an den ihm am stärksten scheinenden Verband, den Staat. Antrieb dazu ist allerdings eine existentielle Angst, die aber auch in der Undurchsichtigkeit und in der Kompliziertheit des Lebens begründet ist. Vor allem die mangelnde Transparenz der modernen Industriegesellschaft bewirkt einen neuen Autoritätsglauben gegenüber dem Staat. Die funktionale Autorität, d. h. die aus dem Sachzwang heraus unabdingbare, durch ihn legitimierte Befugnis zu Anweisungen[42] wird widerspruchslos hingenommen.

Der Staat, der nach liberalen Idealvorstellungen Selbstbeschränkung üben soll, um die freie Entfaltung seiner Bürger nicht zu behindern, soll nunmehr den komplizierten und weitverzweigten Regelungsmechanismus in Wirtschaft und Gesellschaft bedienen. Die Forderung nach Trennung von Staat und Gesellschaft wird zurückgenommen.

---

[42] Arnold *Gehlen*, Soziologische Voraussetzungen im gegenwärtigen Staat, in: Rechtsstaatlichkeit und Sozialstaatlichkeit, hgb. von Ernst *Forsthoff*, Darmstadt 1968, S. 330.

Durch seine Steuer-, Finanz- und Währungspolitik greift der Staat entscheidend in das Wirtschaftsleben ein; noch nicht genug damit, betreibt der Staat eigene wirtschaftliche Unternehmen und schützt, fördert und lenkt auf Grund interventionistischer wirtschaftspolitischer Maßnahmen den Wirtschaftsprozeß. In dem Maße, in dem sich der moderne Staat in den Wirtschaftsprozeß einschaltet, wird er als Arbeitgeber oder Quasi-Arbeitgeber in qualifizierter Weise für eine Vielzahl von Menschen zusätzlich verantwortlich. Immer größere gesellschaftliche Gruppen umfaßt auch seine Sozialgesetzgebung. Familienpolitische Maßnahmen des Staates kommen großen Bevölkerungsteilen zugute. Bildungs- und Kultureinrichtungen des Staates ermöglichen in großer Zahl neuen Schichten den Zugang zu höherer Bildung und vermehrtem Wissen. Präventive und repressive gesundheitsschützende und -fördernde staatliche Maßnahmen ließen die Lebenserwartung ansteigen, verhindern Krankheit, Not und Elend. Diese Aufzählung ließe sich beliebig fortsetzen. Der Staat greift heute direkt oder indirekt in fast alle Bereiche der menschlichen Gesellschaft ordnend und schützend, planend und gestaltend ein. Die Determinierung gesellschaftlicher Erscheinungen durch den Staat hat ihm in den verschiedensten gesellschaftlichen Bereichen eine Monopolstellung zukommen lassen. Der staatliche Organisations- und Verwaltungsapparat beeinflußt die vielschichtige Wirtschafts- und Sozialstruktur der heutigen Zeit immer mehr. Unter dem Schlagwort des Gleichheitsprinzipes nimmt diese Entwicklung zu einer verdichteten Staatlichkeit mehr und mehr uniformierende und egalisierende Tendenzen an.

Angesichts dieses veränderten sozialen Hintergrundes einer auf Wohlstand abgestellten Gesellschaft, haben Ideologien ihre Glaubwürdigkeit und ihren Einfluß großteils verloren[43]. Die Hebung und Sicherung des Lebensstandards für alle Bevölkerungsschichten erscheint als einziges erklärtes Ziel der Politik, welches aber in der industriellen Gesellschaft durch eine an den Sachstrukturen ausgerichtete „pragmatische Rationalität des Handelns"[44] erreichbar zu sein scheint. Der Staat wird hierbei in eine Verteilerrolle hineingepreßt. Das Sozialprodukt möglichst gerecht zu verteilen, kann man nur dem Staat als vermeintlicher „pouvoir neutre" vorbehalten. Unzweifelhaft kommt hier dem Staat eine neuartige Integrationsfunktion im gesellschaftlichen Gesamtprozeß zu.

---

[43] Eric *Voegelin*, Die industrielle Gesellschaft auf der Suche nach der Vernunft, in: Die industrielle Geselschaft und die drei Welten, Zürich 1961, S. 47; dazu siehe Ernst *Forsthoff*, Lehrbuch des Verwaltungsrechtes, 1. Band, 9. Auflage, München und Berlin 1966, S. 59, er schreibt die Entideologisierung des modernen Staates der Tatsache zu, daß der Verteilerstaat der Ideologie keine Anhaltspunkte biete; vgl. auch Herbert *Schambeck*, Politik und Weltanschauung, Wissenschaft und Weltbild 1968, S. 47 ff.

[44] *Voegelin*, a.a.O., S. 46.

Waren im Zeitalter der bürgerlichen Gesellschaft als Grundwerte
Leben, Freiheit und Eigentum anerkannt, so sind die „dem Industriezeitalter adäquaten Grundwerte Existenzsicherheit, Vollbeschäftigung
und Erhaltung der Arbeitskraft"[45]. Leben, Freiheit und Eigentum sah
man im 19. Jahrhundert ausschließlich vom Staate bedroht. Die Gefahr
für die Grundwerte der heutigen industriellen Gesellschaft glaubt
man aber in der Gesellschaft selbst gelegen, die das Staatsrecht, wie
das Verbändeproblem zeigt, nur selten zu erfassen vermag. Der Einzelne sucht Schutz beim Staat. Diese antithetisch zum liberalen Rechtsstaat des 19. Jahrhunderts stehenden Verhältnisse und Bestrebungen
wurden mit dem Begriff „Sozialstaat" gekennzeichnet. Während der
Rechtsstaat die Staatsintervention bekämpft, fordert der Sozialstaat
die Staatsintervention, verlangt Staatsmaßnahmen als ein regelmäßiges
Mittel sozialer Gestaltung[46] und macht den Staat zuständig und „verantwortlich für die rechte soziale Ordnung"[47].

Die *neue Sozialordnung* bringt viele neue Probleme mit sich, die verschiedene Einwirkungen auf die Position des Individuums in diesem
so gekennzeichneten Staat ausüben. Die Entfaltung der Persönlichkeit
in Freiheit soll auch Ziel dieser neuen Staatlichkeit sein. Manche
meinen, wegen der geänderten sozialen Voraussetzungen scheint
ein formal-technischer Rechtsstaatsbegriff als ein „System rechtstech-
nischer Kunstgriffe zur Gewährleistung gesetzlicher Freiheit"[48] nicht
mehr zur Bewältigung der neuen Freiheitsproblematik auszureichen
und man sucht nach Formen der Weiterentwicklung dieses Staatstyps,
die man zusammenfassend mit einem mehr politischen Begriff als
„sozialen Rechtsstaat" bezeichnet.

Im Begriff des „sozialen Rechtsstaates" suchen sich die *Ziele des
Sozialstaates* mit den *Techniken des Rechtsstaates zu verbinden*. Sozialer Rechtsstaat bedeutet hiernach, „daß die Aufgaben der staatlichen
Organe sich nicht mehr im nur Schützenden, nur Bewahrenden, nur
gelegentlich Intervenierenden erschöpfen. Der Staat ist planender, ver-
teilender, gestaltender, individuelles wie soziales Leben erst ermög-
lichender Staat"[49].

---

[45] Ernst Rudolf *Huber*, Rechtsstaat und Sozialstaat in der modernen Industriegesellschaft, S. 258.
[46] E. R. *Huber*, a.a.O., S. 258.
[47] Willi *Geiger*, Was heißt sozialer Rechtsstaat nach dem Grundgesetz? in:
Geiger, Nawroth, Nell-Breuning, Sozialer Rechtsstaat, Wohlfahrtsstaat, Versorgungsstaat, Paderborn 1962, S. 17.
[48] Ernst *Forsthoff*, Die Umbildung des Verfassungsgesetzes in: Festschrift
für Carl Schmitt, Berlin 1959, S. 61.
[49] Konrad *Hesse*, Der Rechtsstaat im Verfassungssystem des Grundgesetzes,
in: Staatsverfassung und Kirchenordnung, Festgabe für Rudolf Smend, Tübingen 1962, S. 78.

Objekt der Staatstätigkeit ist der Mensch in einer für ihn neuen, nicht allein zu bewältigenden sozialen Umgebung. Seine Freiheit und Würde — nach wie vor höchstes Ziel des Staatshandelns — sind aber nicht mehr Schranke des Staates wie sie es im liberalen Rechtsstaat waren. Durch das adjektivische „sozial" soll der Begriff des Rechtsstaates einen neuen auf unsere Zeit abgestimmten materialen Bezug erhalten. In dieser Begriffsbestimmung des Rechtsstaates als „sozialer Rechtsstaat" liegt nämlich die Verpflichtung für den Staat mitbegründet, die für die Nutzung der individuellen Freiheit unabdingbaren sozialen Voraussetzungen zu schaffen und dem Einzelnen zu erhalten. Die Entfaltung der menschlichen Einzelpersönlichkeit kann sich nur in Freiheit vollziehen, aber auch nur dann, wenn insbesondere wirtschaftliche, soziale und kulturelle Vorbedingungen gegeben sind. Diese Verhältnisse aber für alle Bevölkerungsschichten und nicht nur — wie es zumal im liberalen Rechtsstaat gegeben war — für einige privilegierte „besitzende" Klassen zu schaffen und zu sichern, bedarf der Verwirklichung einer materialen Gleichheit „im Sinne gerechter Zuordnung"[50].

Die Basis dieser Freiheit ist nicht der staatsfreie „natürliche" Raum, sondern die hegende, bewahrende, gewährleistende, verteilende und schützende Funktion des staatlichen Rechtes. Die Forderung nach einer vollkommen staatsfreien privaten Sphäre würde in sich den Keim der Rechtlosigkeit und Entpersönlichung tragen, weil eine rechtlich abgegrenzte Sphäre nichts anderes wäre, als ein „Aktionsfeld für die Betätigung gesellschaftlicher Macht, der der Einzelne schutzlos ausgeliefert wäre"[51].

Dem sozialen Rechtsstaat entspricht daher, wie Alfred Verdroß betont, eine „sittlich gebundene Freiheit, die die Menschen nicht nur verpflichtet, die Freiheit der anderen zu achten, sondern auch dazu, sich gegenseitig als sittliche Wesen zu unterstützen. Daraus ersehen wir, daß die naturalistische Naturrechtslehre entweder im absoluten oder im liberalen Staat, die humanistische Naturrechtslehre aber im sozialen Rechtsstaat ihren Ausdruck findet"[52]. Es ist historisch erwiesen, daß bei Beharren auf der liberalen Rechtsstaatsidee, im Sinne der Beschränkung des Staates auf den Rechts- und Machtzweck allein, die sozialen Probleme des Industriezeitalters nicht gelöst werden können. Der sozialen Gerechtigkeit des „suum cuique" konnte damit jedenfalls nicht entsprochen werden. Weil die materiellen Voraussetzungen zur Inanspruchnahme der Freiheitsrechte durch den Einzelnen in keiner Sozialordnung

---

[50] *Hesse*, a.a.O., S. 80.
[51] *Hesse*, a.a.O., S. 85.
[52] Alfred *Verdross*, Abdenländische Rechtsphilosophie, 2. Auflage, Wien 1963, S. 263.

auf alle Menschen gleichmäßig verteilt sind, bedarf es der Korrektur bzw. eines regelnden Eingriffes in diese Sozialordnung, wenn ein Gerechtigkeitsideal — für alle Menschen gültig — auch nur annähernd erreicht werden soll. Der Besitzlose kann von der Freiheit des Eigentums nicht Gebrauch machen und muß deswegen womöglich auch noch weiterer Freiheitsrechte und Begünstigungen entbehren, ja sogar im Daseinskampf existenzbedrohende Unbilligkeiten für sich und seine Familie in Kauf nehmen. Nicht zuletzt deswegen steckt im Eigentum eine soziale Komponente, ja wird die „individuelle Lebenssphäre in ihrem Umfang und Ausmaß wesentlich bestimmt durch das Eigentum"[53]. Überhaupt sind Berechtigungen, und solche sind auch die Freiheitsrechte, in einem demokratischen Staat nur dann zweckmäßig, wenn sie dem Postulat nach Gleichheit entsprechen und allen in der Weise zukommen, daß jeder Einzelne davon Gebrauch machen kann. Freiheit und Gleichheit stehen hier in einem dialektischen Verhältnis. Die Lösung dieser Spannung kann nur durch eine normative Ordnung und damit vor allem durch den Staat erfolgen. Daher wird der Staat als vermögendste, weil mächtigste Verbandseinheit auch der Forderung nach Verwirklichung der Gleichheit nachkommen und die Voraussetzungen schaffen müssen, die in unserer Zeit eine gerechte und daher auch die Freiheit sichernde Sozialordnung gewährleisten.

Das Streben nach einer gerecht scheinenden Sozialordnung findet in unserer Zeit ihren Ausdruck im Sozialstaat[54]. Dabei ist aber die rechtsstaatliche Tradition zu wahren und das im sozialen Rechtsstaat notwendige, sozialstaatliche Leisten und Gewähren mit rechtsstaatlichen Verfahren und Verbürgungen für des Menschen Freiheit und Würde dienstbar zu machen. Das „Zentralgrundrecht der Menschenwürde"[55] auf alle Menschen — auch auf die sozial Schwachen — zu erstrecken, das ist der letzte Sinn des sozialen Rechtsstaates. In Gesetzgebung, Verwaltung und Gerichtsbarkeit kommt er deutlich dadurch zum Ausdruck, daß er eine Anhebung und einen Ausgleich der Position des sozial Schwachen bezweckt[56].

---

[53] Dietrich *Wiegand*, Die Aufgaben des Juristen bei der Verwirklichung des Sozialen Rechtsstaates, in: Journal der Internationalen Juristenkommission, Bd. V, 1964, Nr. 1, S. 59.

[54] Ernst *Forsthoff*, Verfassungsprobleme des Sozialstaates, in: Rechtsstaatlichkeit und Sozialstaatlichkeit, S. 149 charakterisiert den Sozialstaat im Unterschied zum Obrigkeitsstaat und zum liberalen Rechtsstaat als Staat der Daseinsvorsorge bzw. als ein Staat der Leistung und der Verteilung.

[55] Gerhard *Müller*, Der Gedanke des sozialen Staates in der bisherigen Rechtsprechung des Bundesarbeitsgerichtes, Der Betrieb 1956, S. 524.

[56] Gerhard *Müller*, a.a.O., S. 527, vergleiche auch die dort besprochene Judikatur des Bundesarbeitsgerichtes, dazu auch *derselbe*, Der Sozialstaatsgedanke unter Berücksichtigung der einschlägigen Rechtsprechung des

Abgesehen von einer ausdrücklichen verfassungsrechtlichen Statuierung des Sozialstaatsbegriffes[57] trifft die sozialstaatliche Verpflichtung in besonderem Maße die Gesetzgebung und die Verwaltung. Gegenüber der eher statischneutralen, repressiven Gerichtsbarkeit sind Gesetzgebung und Verwaltung gehalten, den sich ständig ändernden Sozialgegebenheiten gerecht zu werden, so daß man behaupten kann, daß die Institute des öffentlichen Rechtes, die den Staat zum Sozialstaat geprägt haben, das Werk der Gesetzgebung und Verwaltung sind[58].

Die Europäische Sozialcharta mit ihrem Katalog von sozialen Grundrechten ist auf diesen Staat gerichtet, der sich „um den Ausgleich sozialer Spannungen, um die Schlichtung sozialer Konflikte, um die Behebung sozialer Krisen, um die Verhinderung sozialer Revolutionen bemüht"[59]. Es ist jener Staat, der danach strebt, daß auch die wirtschaftlichen und sozialen Voraussetzungen geschaffen werden, damit sich die Persönlichkeit jedes Einzelnen frei entfalten kann. In dieser Sicht erfüllt der soziale Rechtsstaat eine eminente Funktion im Dienste des Gemeinwohls[60], die aber nicht sachgerecht ausgeübt werden kann, ohne dem Einzelnen die zur Entfaltung seiner Persönlichkeit erforderliche freie Betätigungsmöglichkeit zu gewähren. So hat auch Nipperdey in bezug auf Art. 2 Abs. 1 des Grundgesetzes erklärt: „Das Recht auf freie Entfaltung der Persönlichkeit ist seinem Wesen nach tätigkeitsbezogen; der Mensch entfaltet sich im Handeln"[61].

Bundesarbeitsgerichtes, Bundesarbeitsblatt 1964, S. 723 ff.; Joseph *Schneider*, Der soziale Rechtsstaat und die Rechtsprechung des Bundessozialgerichtes, Bundesarbeitsblatt 1964, S. 729 ff. und Alfred *Hueck*, Der Sozialstaatsgedanke in der Rechtsprechung des Bundesarbeitsgerichtes, in: Festschrift für Willibald Appelt zum 80. Geburtstag, München 1958, S. 57 ff.

[57] Im Bonner Grundgesetz ist das Sozialstaatsprinzip im Art. 20 Abs. 1 und Art. 28 Abs. 1 grundgelegt. Das österreichische Verfassungsrecht enthält keine solche ausdrückliche Normierung im Verfassungsrang, siehe dazu Peter *Pernthaler*, Über Begriff und Standort der leistenden Verwaltung in der österreichischen Rechtsordnung, Juristische Blätter 1965, S. 57 ff. Alfred *Kobzina*, Wirtschaftsstaat zwischen Technik und Recht, Juristische Blätter 1967, S. 456 ff.; Ludwig *Fröhler*, Die verfassungsrechtliche Grundlegung des sozialen Rechtsstaates in der Bundesrepublik Deutschland und in der Republik Österreich, München 1967, insbesondere S. 22 ff. und Herbert *Schambeck*, Die Staatszwecke der Republik Österreich, in: Die Republik Österreich, hgb. von Hans *Klecatsky*, Wien 1968, S. 245 ff.

[58] So auch Ernst *Forsthoff*, Begriff und Wesen des sozialen Rechtsstaates, Veröffentlichung der Vereinigung der Deutschen Staatsrechtslehrer, Heft 12, Berlin 1954, S. 12 f.

[59] *Geiger*, a.a.O., S. 19.

[60] Über das Gemeinwohl in seinen Aspekten siehe Johannes *Messner*, Das Gemeinwohl, 2. Auflage, Osnabrück 1968.

[61] Hans Carl *Nipperdey*, Freie Entfaltung der Persönlichkeit, in: Die Grundrechte, hgb. von Karl August *Bettermann* und Hans Carl *Nipperdey*, IV/2, Berlin 1962, S. 770; beachte Andreas *Hamann*, Grundgesetz 2. Auflage, Neuwied und Berlin 1961, Art. 2, Anmerkung B 3 a; *derselbe*, Rechtsstaat und

Diese Grundrechte der Sozialcharta verlangen einem Staat mehr ab, als bloß die Ausübung der drei Staatsfunktionen und die Gewährung einer staatsfreien Sphäre durch den Staat an den einzelnen Bürger; sie wollen vielmehr den Gesetzgeber veranlassen, dem staatlichen Leben eine neue Ordnung zu geben, nämlich eine Ordnung, die nicht nur einigen wenigen, sondern jedem zur vollen freien Entfaltung seiner Persönlichkeit einen sozialen Rechtsschutz gewährt.

Wirtschaftslenkung, Heidelberg 1953, S. 62; Kurt Georg *Wernicke*, Kommentar zum Bonner Grundgesetz, Hamburg 1950 ff., Art. 2 Erl. II 1 a; Herbert *Scholtissek*, Innere Grenzen der Freiheitsrechte, Neue Juristische Wochenschrift 1952, S. 563 und Walter *Roemer*, Zum Grundrecht der freien Entfaltung der Persönlichkeit, in: Hundert Jahre Deutsches Rechtsleben, Festschrift Deutscher Juristentag 1860—1960, Bd. 1, Karlsruhe 1960, S. 545 ff.

V. Der Einbau sozialer Grundrechte
in das positive innerstaatliche Recht

Den Begriffen „Rechtsstaat" und „Sozialstaat" liegt ein dialektisches Spannungsverhältnis zugrunde, welches in einer konkreten Gesellschafts- und Staatsordnung mehr oder weniger ausgeglichen sein kann. Der Bestand an rechtsstaatlichen Techniken und Gehalten hat sich im Laufe staatsrechtlicher Entwicklung verfeinert. Durch eine jeweils konkrete Sinngebung der Freiheitsrechte bekommen auch die formalen Elemente der Rechtsstaatsidee eine besondere Bedeutung und können deswegen auch nicht als Requisiten des sogenannten bürgerlichen Rechtsstaates abgetan werden.

In den für unsere Zeit kennzeichnenden sozialen Verhältnissen ist notwendig, auch die materielle Seite des Rechtsstaatsprinzipes herauszustellen. Ein Bekenntnis zu den hergebrachten Freiheitsrechten ist heute auch deswegen unabdingbare Voraussetzung des Staatsdenkens.

Der moderne Staat in der Ausformung als Sozialstaat prägt auch die überlieferte Form des Rechtsstaates. Bei den geänderten sozialpsychologischen und soziologischen Voraussetzungen bedeutet die Verbindung rechtsstaatlicher Elemente mit sozialstaatlichem Gedankengut einen zeitgemäßen Versuch des Ausgleichs der Spannungen zwischen Individuum und Gesellschaft und der Überwindung der Polarität von Freiheit und Gleichheit. Die Form des sozialen Rechtsstaates erweist sich hierbei als „vorläufiges Endprodukt" der politischen und staatsrechtlichen Entwicklung. Dies bedeutet aber keineswegs, daß alle Probleme dieses sozialen Rechtsstaates, sei es auch nur in der Theorie, gelöst sind. Durch die ihm innewohnende Dynamik entziehen sich viele Probleme gänzlich theoretischer Durchdringung und Systematisierung und verlangen eine dem jeweiligen socio-ökonomischen Zustand gerecht werdende Praktikabilität und permanente Anpassung. Die Gefahr einer theoretischen Erstarrung und eines Verharrens auf einem status quo ist aber hier wiederum auch viel größer und würde weitreichende Folgen für den Einzelnen und sein Recht bedeuten.

Das Erkennen der besonderen Bedeutung sozialer Vorgänge war in der Rechtswissenschaft bisher vor allem in der Interpretationslehre von Bedeutung. Rechtspolitische und größere kodifikatorische Bemühungen vermögen denn auch dringende gesellschaftliche Anliegen nur schwer zu bewältigen[1]. Immer mehr verlegt sich deswegen der Gesetzgeber auf kasuistische Normsetzung[2] und verlagert sich das Schwergewicht staatlicher Tätigkeit in den Bereich der Verwaltung.

Die Staatsfunktion der Verwaltung — in einer nicht immer gerechtfertigten Vereinfachung gegenüber der statischen Gerichtsbarkeit gerne als dynamische Staatsfunktion bezeichnet — ist von ihrer materiellen Anlage her intentional auf die gesellschaftliche Realität mit ihrem raschen Wechsel der Verhältnisse abgestellt. Gesundheits-, Sicherheits-, Markt- und Gewerbewesen sind beispielsweise Sachgebiete, die große sachliche und personelle Mobilität erfordern, wo deswegen auch die Entwicklung des Verwaltungsrechtes mit Neuerungen Schritt halten mußte. Die formelle Konstruktion der Verwaltung, als Tätigkeit, der durch die Rechtssatzform der Weisung determinierte untergesetzliche Staatsfunktion[3] war gleichfalls darauf abgezielt, gesellschaftlichen Veränderungen besser genügen zu können. Einrichtungen wie Ermessensbestimmungen, Regierungsvollmachten, Zulässigkeit von Generalklauseln, Verfahrenserleichterungen, das Institut der Weisung sind formale Zugeständnisse an den dynamischen, lebensnahen und vielfältigen Charakter der Verwaltung. Ausgehend von den gegenwärtigen „Kulturinhalten"[4] des Verwaltungsrechtes wird heute vielfach der Sozialstaat als seinem Wesen nach dem Bereich der Verwaltung zugeordnet. Gerade aber auch im Verwaltungsrecht erfolgten vielfach Rückwirkungen auf das bestehende rechtsstaatliche Instrumentarium. Der Strukturwandel von Gesellschaft und Wirtschaft schuf neue Aufgaben für Gesetzgebung und Verwaltung, die auch neue Formen mitbedingten. Die als Daseinsvorsorge[5] bezeichnete leistende Verwaltung nimmt gegenüber der traditinellen, hoheitlichen Eingriffs-Verwaltungstätigkeit immer größeren Raum ein. Ernst Forsthoff sieht sogar den Entfaltungsraum des Sozialstaates ausschließlich in Gesetzgebung und Verwaltung[6]. Weil ja die Realität mit dem Recht in ständiger Wechselwirkung stehen

---

[1] Besonders deutlich wird dieses Bemühen in Österreich am Beispiel der Strafrechtsreform und der Arbeitsrechtskodifikation.

[2] Insbesondere in Form des sogenannten „Maßnahmegesetzes", vgl. dazu Veröffentlichungen der Vereinigung der Deutschen Staatsrechtslehrer Heft 15, 1957, S. 1 ff. und Karl *Zeidler*, Maßnahmegesetz und „klassisches" Gesetz, Karlsruhe 1961 und Konrad *Huber*, Maßnahmegesetz und Rechtsgesetz, Berlin 1963 mit weiteren Hinweisen.

[3] Adolf *Merkl*, Allgemeines Verwaltungsrecht, Wien 1927, S. 38 ff.

[4] *Merkl*, a.a.O., S. VIII.

[5] Ernst *Forsthoff* hat erstmals den Begriff geprägt in: Verwaltung als Leistungsträger, Stuttgart und Berlin 1938; siehe auch *denselben*, Rechtsfragen der leistenden Verwaltung, Stuttgart 1959.

[6] Vgl. These XV in seinem Referat über Begriff und Wesen des sozialen Rechtsstaates, VVDStRL. Heft 12, 1954, S. 36 und siehe auch S. 20.

muß, hat der Begriff des Sozialstaates auch im Recht seinen Niederschlag gefunden.

Wo Sozialstaat und Rechtsstaat zu einem Begriff gepaart verwendet
werden, ist dieser so entstandene *Begriff des sozialen Rechtsstaates,
positivrechtlich nur* dann *relevant, wenn* er *Inhalt eines Verfassungs-
rechtssatzes wurde und* so die *Qualifikation als Staatszweck erhielt.* In
diesem Fall ist er ein verfassungsgesetzlich gewährleisteter Sozialgestaltungsauftrag an die Gesetzgebung und Vollziehung. In allen anderen
Fällen mag er dem öffentlichen Interesse entsprechen und politisches
Ziel bleiben[7].

Die Frage nach verfassungsmäßig gewährleisteten sozialen Rechten
beschäftigt die Rechts- und Staatslehre spätestens seit dem Grundrechts-
katalog der Weimarer Verfassung, sie tritt auch heute immer wieder
selbst in der tagespolitischen Auseinandersetzung auf. Die Verbürgung sozialer Rechte in verschiedenen Verfassungen[8] der kommunistischen Ländern, wie auch in freiheitlich-demokratischen westlichen
Verfassungen, wird hier jeweils als vorbildlich hingestellt. Besonders
wird aber auf Grund internationaler Rechtssetzung die Diskussion über
verfassungsmäßig zu gewährende soziale Rechte in Gang gesetzt. Seit
dem zweiten Weltkrieg sind es insbesondere die Erklärung der Menschenrechte durch die UN-Generalversammlung[9] vom 10. Dezember
1948, die Europäische Sozialcharta, die am 18. Oktober 1961 unterzeichnet wurde und die UN-Konvention über wirtschaftliche, soziale und
kulturelle Rechte vom 16. Dezember 1966, die auf internationaler Ebene
für die Anerkennung sozialer Grundrechte eintreten. Bei der Transformation völkerrechtlicher Normen in die innerstaatliche Rechtsordnung entsteht das Problem, welchen Rang sie in der innerstaatlichen
Normenhierarchie einnehmen sollen.

Bei einer Prüfung der Formulierungen der Europäischen Sozialcharta erkennt man, daß die *Rechte der Europäischen Sozialcharta nicht
self-executing* gedacht sind und für die Rechtsunterworfenen nicht unmittelbare Rechte erzeugen. Immer wieder heißt es in den einzelnen
Artikeln des II. Teiles: „Um die wirksame Ausübung des Rechtes auf ...
zu gewährleisten, verpflichten sich die Vertragsparteien ...". Einen un-

---

[7] Beachte dazu Adolf *Merkl*, Idee und Gestalt der politischen Freiheit, in:
Demokratie und Rechtsstaat, Festschrift für Zaccaria Giacometti, Zürich
1953, S. 184; Peter *Pernthaler*, Über Begriff und Standort der leistenden Verwaltung in der österreichischen Rechtsordnung, JBl. 1965, S. 59 ff.; Alfred
Kobzina, Wirtschaftsstaat zwischen Technik und Recht, JBl. 1967, S. 456 ff.
und Herbert *Schambeck*, Die Staatszwecke der Republik Österreich, in: Die
Republik Österreich, hgb. von Hans *Klecatsky*, Wien 1968, S. 245 ff.

[8] Siehe oben S. 14 f., Fußnote 26.

[9] Der aber an sich kein Rechtscharakter zukommt.

mittelbaren Anspruch für die Rechtsgenossen scheint lediglich Artikel 6 Ziffer 4 einzuräumen. Hier wird ausdrücklich davon gesprochen, daß die Vertragsparteien das Recht der Arbeitnehmer und Arbeitgeber auf kollektive Maßnahmen im Falle von Interessenskonflikten „anerkennen"[10]. Im Anhang wird zu dieser Bestimmung ausgeführt, daß die Vertragsparteien die Ausübung des Streikrechtes durch Gesetz regeln können, aber eine etwaige weitere Einschränkung dieses Rechtes nur auf Grund der Bestimmungen von Artikel 31 gerechtfertigt werden kann. Auch aus dieser Bestimmung kann man ersehen, daß zum Beispiel das Streikrecht und sein Gegenstück das Aussperrungsrecht keiner speziellen Transformation bedürfen und als self-executing angesehen werden können.

Die übrigen Bestimmungen der Charta würden daher bei einer Ratifikation keine unmittelbaren Ansprüche für die Rechtsgenossen erzeugen können, da sie nicht als anspruchbegründende Individualrechte konzipiert sind. Vielmehr geben die Bestimmungen der Sozialcharta einen Wertmaßstab bzw. einen Rahmen für die Ausgestaltung der Sozialordnung. Die Sozialcharta würde den Mitgliedstaaten lediglich die völkerrechtliche Verpflichtung auferlegen, durch innerstaatliche Maßnahmen den von ihr postulierten sozialen Standard zu erreichen und zu sichern[11]. Auch das in der Charta vorgesehene Kontrollsystem ist Indiz dafür, daß den Staaten nur völkerrechtliche Durchführungspflichten, den Einzelnen aber (mit Ausnahme von Artikel 6 Ziffer 4) keine unmittelbaren Rechte aus der Charta erwachsen können[12]

Da eine unmittelbare innerstaatliche Anwendung der Bestimmungen der Charta nicht möglich erscheint[13], besteht *für die Vertragspartner* die *völkerrechtliche Verpflichtung nach der Ratifikation, die nationale Rechtsordnung auf die Sozialcharta abzustimmen.* Der in der Sozial-

---

[10] Siehe dazu in Bezug auf die Problematik der Verfassung des Landes Hessen bezüglich des darin ausgesprochenen Verbotes der Aussperrung, Hellmut Georg *Isele*, Die Europäische Sozialcharta, Sitzungsberichte der Wissenschaftlichen Gesellschaft an der Johann-Wolfgang-Goethe-Universität Frankfurt/Main, Bd. 4, Jahrgang 1965, Nr. 3, Wiesbaden 1967, S. 17 ff.

[11] Vgl. auch Gerhard *Müller*, Grundrechtsordnung und Sozialcharta, in: Gesellschaft und Politik, Neue Folge/Heft 1/1965, S. 7, die Charta läßt als Erfüllungsmöglichkeit den Weg der Gesetzgebung und in bestimmten Angelegenheiten nach Artikel 33 auch die Möglichkeit der Erfüllung durch Gesamtarbeitsverträge oder auf einem anderen als gesetzlichen Wege zu.

[12] Heribert *Golsong*, Annuaire français de droit international 1962, S. 723 f.; *Wiebringhaus*, Annuaire français de droit international 1963, S. 717 ff.; Theodor *Tomandl*, Der Einbau sozialer Grundrechte in das positive Recht, Recht und Staat Heft 337/338, Tübingen 1967, S. 19.

[13] Andreas *Khol*, Die Europäische Sozialcharta und die österreichische Rechtsordnung, Juristische Blätter 1965, Jg. 87, Heft 3/4, S. 75 ff. hat dies auch aus der besonderen Sicht der österreichischen Rechtsordnung nachgewiesen.

charta vorgezeichnete Weg wäre dann durch innerstaatliche Normsetzung zu beschreiten. Durch Spezifizierung und Konkretisierungen müßten die Bestimmungen der Sozialcharta in die nationale Rechtsordnung Eingang finden. Welche Möglichkeiten kommen dafür in Frage?

Hält man sich an das Vorbild der sogenannten klassischen Freiheitsrechte, wäre die Aufnahme der in der Charta statuierten Rechte in die Verfassung als verfassungsmäßig garantierte soziale Grundrechte in Form der *subjektiv-öffentlichen Rechte* eine der möglichen innerstaatlichen Durchführungsvarianten. Seit der Jellinek'schen Definition des subjektiven öffentlichen Rechtes als die von der Rechtsordnung anerkannte und geschützte auf ein Gut oder Interesse gerichtete menschlichen Willensmacht[14] ist der Ausbau der Rechtskontrolle weiterentwickelt worden.

Ergeben sich schon bei den vornehmlich als Abwehrrechte gegen den Staat gedachten Freiheitsrechten bezüglich des Rechtsschutzes große Schwierigkeiten bei einer Ausdehung des Anwendungsbereiches auch auf Privat(rechts)verhältnisse, so erst recht bei den sozialen Grundrechten, deren Anwendungsbereich sich ja hauptsächlich in privaten Formen ergibt und auch das private Verhältnis des Menschen zu seinen Mitmenschen (und nicht zum Staat als Herrschaftsträger) zum Hauptgegenstand hat. Vollends offenbart sich hier das Dilemma, das aus der Ansprüchlichkeit eines Rechtes resultiert. Konnte der Anspruch, der aus der Konstruktion der klassischen Freiheitsrechte gegenüber dem Staat dem Einzelnen zustand, im Wege der Beschränkung staatlicher Macht durch rechtliche Kontrollinstanzen letztlich auch repressiv effektuiert werden, so ist dies bei den sogenanten sozialen Grundrechten deshalb nicht möglich, weil hier der Staat nicht ohne weiteres als Anspruchsadressat herangezogen werden kann. Da die sozialen Grundrechte eine gerecht-ausgleichende Regelung der gesamten Sozialordnung, mit besonderer Betonung des wirtschaftlichen und sozialen Schutzes der als schwächer gestellt erachteten Rechtsgenossen zum Gegenstand haben, müßte dem Staat auch die Verfügungsgewalt über den als schutzwürdig erachteten Gegenstand eingeräumt werden. Das Anspruchsobjekt ist im Falle der sozialen Grundrechte ein korrigierendes bzw. gestaltendes Eingreifen in die Sozialordnung; mit anderen Worten: staatliches Schutzobjekt wäre eine an einem Idealmodell ausgerichtete gerechte Sozialordnung, die durch Gewährung sozialer Grundrechte zu erreichen ist.

Soll dieses Ziel aber vom Staat konsequent verfolgt und erreicht werden können, bedarf er der dazu nötigen Mittel. Wenn daher zum Beispiel dem einzelnen Staatsbürger ein subjektiv-öffentliches Recht

---

[14] Georg *Jellinek*, System der subjektiv-öffentlichen Rechte, 2. Auflage, Tübingen 1919, S. 44.

auf Arbeit gegen den Staat eingeräumt werden würde, müßte man
wieder dem Staat die Möglichkeit eröffnen, seinen Bürgern Arbeit zu
beschaffen. Dies hätte wieder zur Folge, daß der Staat selbst reglementierend in das Wirtschaftsgeschehen eingreifen müßte und allenfalls als
Unternehmer größten Stils tätig werden würde. Außerdem müßte der
Staat, der für die Arbeitsmöglichkeit seiner Bürger zu sorgen hat, auch
darüber wachen, daß keine allzu großen Lücken in der Beschäftigung
auftreten; er wäre also veranlaßt, nicht nur das Wirtschaftsgeschehen,
sondern auch den Arbeitsmarkt reglementierend und planend zu gestalten. Die letzte Konsequenz eines als subjektiv öffentliches Recht
konstruierten Rechtes auf Arbeit würde dann zur Pflicht zur Arbeit
führen und das Modell einer Zentralverwaltungswirtschaft erfordern.
So spricht auch Artikel 24 der neuen Verfassung der Deutschen Demokratischen Republik vom 6. April 1968[15] vom Recht jedes Bürgers der
DDR auf Arbeit. Es wird ihm das Recht auf einen Arbeitsplatz und
dessen freie Wahl (aber nur!) entsprechend den gesellschaftlichen Erfordernissen und der persönlichen Qualifikation eingeräumt. Dann aber
wird deutlich (Absatz 2) ausgesprochen:

„Gesellschaftlich nützliche Tätigkeit ist eine ehrenvolle Pflicht für
jeden arbeitsfähigen Bürger. Das Recht auf Arbeit und die Pflicht
zur Arbeit bilden eine Einheit".

Und im folgenden Absatz werden auch die Kennzeichen des Wirt-
schaftssystems als ausgesprochene Planwirtschaft sichtbar[16]. Im Zusammenhang mit dem Recht jedes Bürgers der DDR, das politische, wirtschaftliche, soziale und kulturelle Leben der sozialistischen Gemeinschaft und des sozialistischen Staates umfassend mitzugestalten, proklamiert pathetisch Artikel 21 auch den Grundsatz: „Arbeite mit, plane
mit, regiere mit".

Dem entspricht in seiner Konsequenz das Gesetzbuch der DDR vom
12. April 1961 im § 2 (GBl. I, 27): „Alle Bürger haben das Recht auf
Arbeit. Die Arbeit entsprechend den Fähigkeiten .. sind moralische
Pflichten jedes arbeitsfähigen Bürgers". Diese verfassungsrechtliche
Garantie des Arbeitsplatzes schließt aber nach sowjetzonaler Ansicht
nicht aus, daß ein Arbeitnehmer nicht jederzeit aus politischen Gründen gekündigt werden kann. Im Konfliktfall geht das Schutzinteresse

---

[15] Gesetzblatt der Deutschen Demokratischen Republik, Teil I, S. 199 ff.
Text auch bei Dietrich *Müller-Römer*, Ulbrichts Grundgesetz, Die sozialistische Verfassung der DDR, 2. Auflage, Köln 1968, S. 68 ff.
[16] Sozialistisches Eigentum an den Produktionsmitteln, sozialistische Planung und Leitung des gesellschaftlichen Reproduktionsprozesses, stetiges und
planmäßiges Wachstum der sozialistischen Produktivität und der Arbeits-
produktivität, die konsequente Durchführung der wissenschaftlich-tech-
nischen Revolution, einheitliches sozialistisches Arbeitsrecht.

des Staates des SED-Regimes und somit das Interesse des staatlichen Arbeitgebers jedem individuellen Schutzinteresse des Arbeitnehmers vor. Bei schwerwiegender Verletzung der staatsbürgerlichen Pflichten oder der sozialistischen Arbeitsdisziplin kann ein Arbeitnehmer nach § 32 Gesetzbuch der Arbeit der DDR fristlos entlassen werden[17].

Das gleiche kollektivistische Leitbild äußert sich im Artikel 118 der Verfassung der Sowjetunion: „Die Bürger der Sowjetunion haben das Recht auf Arbeit, das heißt, das Recht auf garantierte Beschäftigung mit Entlohnung ihrer Arbeit nach Menge und Qualität. Das Recht auf Arbeit wird gewährleistet durch die sozialistische Organisation der Volkswirtschaft, das stetige Wachstum der Produktivkräfte der Sowjetgesellschaft, die Beseitigung der Möglichkeit von Wirtschaftskrisen und die Liquidierung der Arbeitslosigkeit". Zur tatsächlichen Verwirklichung dieses Zieles wird das Recht auf Arbeit durch die Pflicht zur Arbeit im Artikel 130 ergänzt:

„Jeder Bürger der UdSSR ist verpflichtet, die Verfassung der UdSSR einzuhalten, die Gesetze zu befolgen, die Arbeitsdisziplin zu wahren, seiner gesellschaftlichen Pflicht ehrlich nachzukommen, die Regeln des sozialistischen Gemeinschaftslebens zu achten."

Die gesellschaftliche Pflicht im Sowjetstaat normiert klar und deutlich Artikel 12:

„Die Arbeit ist in der UdSSR Pflicht und Ehrensache jedes arbeitsfähigen Bürgers nach dem Grundsatz: ‚Wer nicht arbeitet, soll auch nicht essen'".

Diese beiden Beispiele für das konsequent angewendete Recht auf Arbeit, das zur Pflicht zur Arbeit wird, zeigen, wie sich dieses auf Sicherung der Entfaltung der Persönlichkeit des Einzelnen abgestellte soziale Grundrecht in das Gegenteil seines Zweckes wandeln kann, um letztlich zur „Einplanung" des Menschen, nicht als Persönlichkeit, sondern als Produktionsfaktor[18], zu führen. Der Weg zu einem solchen Endstadium der Pervertierung des Menschenbildes beginnt mit dem subjektiv-öffentlichen sozialen Recht des Einzelnen, etwa auf Arbeit, gegen den Staat. Es ist ein Weg der Gefährdung des Personenwertes des Einzelnen, welcher aber gerade durch die sozialen Grundrechte einen dem modernen Industriezeitalter entsprechenden Schutz erfahren soll.

---

[17] Über dieses Recht der Arbeit beachte Dietrich *Müller-Römer*, Die Grundrechte in Mitteldeutschland, Köln 1965, S. 172 ff.

[18] Carl *Schmitt*, Verfassungslehre, München und Leipzig 1928, S. 169 spricht davon, daß ein solches „Recht auf Arbeit" nur in einem System von Organisationen, Meldungen, ärztlichen Untersuchungen, Arbeitsnachweisen, Arbeitsanweisungen und Pflichten zur Leistung angewiesener Arbeit bestehen kann.

Dieser Weg der innerstaatlichen Ausführung der Europäischen Sozialcharta durch den Einbau sozialer Grundrechte als subjektiv-öffentliche
Rechte, die jedoch letztlich zu einer planwirtschaftlichen Ordnung führen, steht aber im Widerspruch zu der Sozialcharta selbst, die etwa neben dem „frei eingegangenen Arbeitsverhältnis" (Artikel 1) „die Freiheit
zur Bildung östlicher, innerstaatlicher oder internationaler Organisationen zum Schutze ihrer wirtschaftlichen und sozialen Belange" (Artikel
5) und die „freiwillige Schlichtung zur Beilegung von Arbeitsstreitigkeiten" (Artikel 6) kennt.

Das auf kompromißlose Durchsetzbarkeit eines verfassungsmäßig
zugestandenen Anspruchs angelegte subjektiv-öffentliche Recht eignet
sich wegen seines wirkungsvollen Schutzes der Freiheit der Einzelperson wohl als Rechtsform für letztlich antistaatlich konzipierte liberale
Grundrechte. Dieser Rechtsform entspricht ein ganz bestimmter Rechtsinhalt, der dem Einzelnen in seiner Abwehrstellung gegenüber der übermächtigen Staatsgewalt zu Hilfe kommt. Dieselbe Rechtsform aber auf
die sozialen Grundrechte angewandt, kann dem Wesen dieser Rechte
nicht gerecht werden. Die Rechte, die ihrem Inhalt nach der Sicherung
der Freiheit und der Würde des Menschen dienen sollen, könnten diese
Aufgabe in der Rechtsform subjektiv-öffentlicher Rechte nicht nur nicht
erfüllen, sondern würden den gegenteiligen Weg zu Unfreiheit und
Mißachtung der Menschenwürde eröffnen[10].

Ein spezifischer Rechtsinhalt bedarf auch einer ihm adäquaten spezifischen Rechtsform. Erst in der Verbindung von rechtem Inhalt und
richtiger Form erlangt das Recht seine höchste Vollendung und erfährt
der im Recht angelegte Zweck seine optimale Verwirklichung.

---

[10] Beachte Karl *Marx*, Die Klassenkämpfe in Frankreich, Politische Schriften, Band 1, hgb. von Hans-Joachim *Lieber*, Stuttgart 1960, S. 160: „In dem
ersten Konstitutionsentwurf, verfaßt vor den Junitagen, befand sich noch das
‚*droit au travail*‘, das Recht auf Arbeit, erste unbeholfene Formel, worin sich
die revolutionären Ansprüche des Proletariats zusammenfassen. Es wurde
verwandelt in das *droit à l'assistance*, in das Recht auf öffentliche Unterstützung, und welcher moderne Staat ernährt nicht in der einen oder anderen
Form seine Paupers? Das Recht auf Arbeit ist im bürgerlichen Sinn ein
Widersinn, ein elender, frommer Wunsch, aber hinter dem Rechte auf Arbeit
steht die Gewalt über das Kapital, hinter der Gewalt über das Kapital die
Aneignung der Produktionsmittel, ihre Unterwerfung unter die assoziierte
Arbeiterklasse, also die Aufhebung der Lohnarbeit, des Kapitals und ihres
Wechselverhältnisses. Hinter dem ‚*Recht auf Arbeit*‘ stand die Juniinsurrektion. Die konstituierende Versammlung, welche das revolutionäre Proletariat
faktisch hors la loi, außerhalb des Gesetzes stellte, sie mußte *seine* Formel
prinzipiell aus der Konstitution, dem Gesetz der Gesetze, herauswerfen, ihr
Anathem verhängen über das ‚Recht auf Arbeit‘." Vergleiche dazu Carl
Schmitt, a.a.O., S. 169, er erachtet zum Beispiel das Recht auf Arbeit „seiner
logischen und juristischen Struktur" nach im Gegensatz zu den echten Grund-
und Freiheitsrechten stehend.

Die relative Starrheit einer Verfassung und das Gebot der Bindung der unterverfassungsrechtlichen Rechtsakte an den Inhalt der Verfassung[20] tragen dazu bei, daß einer verfassungsmäßigen Verbürgung sozialer Grundrechte der Glaube einer wahrscheinlicheren Gewährleistung und einer gesicherten Durchsetzbarkeit anhaftet. Diese auf Dauer gerichtete verhältnismäßige Starrheit der Verfassung steht aber im Widerspruch mit der Dynamik des sozialen und wirtschaftlichen Lebens, welche für die sozialen Grundrechte bestimmend ist. Der Einbau von sozialen Grundrechten als subjektiv-öffentliche Rechte des Einzelnen müßte daher zu ständigen Novellierungen von Verfassungsrechten führen, um die verfassungsgesetzlich gewährleisteten Sozialrechte der jeweiligen Sozial- und Wirtschaftssituation anzupassen. Dieser Prozeß erforderlicher ständiger Novellierung der Verfassung ginge aber auf Kosten der notwendigen Stabilität der Verfassung.

Es gibt aber auch Verfassungen, wie das Grundgesetz der Bundesrepublik Deutschland, das nicht nur Grundnorm eines staatlichen Gemeinwesens ist, sondern auch Bezüge zu sozialen und wirtschaftlichen Verhältnissen enthält. Diese socio-ökonomischen Aussagen geben dann Ansätze zu der Möglichkeit sachgerechter Lösungen, ohne daß mittels der Rechtslogik ein verfassungskonformer Weg konstruiert werden muß[21].

Der Aussagewert der ausdrücklichen verfassungsmäßigen Statuierung des „sozialen Rechtsstaates" im Bonner Grundgesetz ist deshalb auch geeignet, als „Staatszielsetzung" zu dienen[22].

---

[20] Über den Stufenbau der Rechtsordnung siehe Adolf *Merkl*, Das Recht im Lichte seiner Anwendung, Deutsche Richterzeitung 1917, S. 33 ff., Neudruck in: Die Wiener rechtstheoretische Schule, Schriften von Hans *Kelsen*, Adolf *Merkl*, Alfred *Verdroß*, hgb. von Hans *Klecatsky*, René *Marcic*, Herbert *Schambeck*, 1. Bd. Wien-Salzburg 1968, S. 1167 ff.; *derselbe*, Allgemeines Verwaltungsrecht, Wien 1927, S. 157 ff. und *derselbe*, Prolegomena einer Theorie des rechtlichen Stufenbaues, in: Gesellschaft, Staat und Recht, Festschrift für Hans Kelsen, hgb. von Alfred *Verdroß*, Wien 1931, S. 252 ff., Neudruck in: Die Wiener rechtstheoretische Schule, S. 1311 ff.

[21] Als österreichischen Sonderfall siehe das Problem der Verfassungsmäßigkeit von Kollektivverträgen (= Tarifverträge) vgl. beispielsweise Hans *Klecatsky*, Die kollektiven Mächte im Arbeitsleben und die Bundesverfassung, in: *Floretta - Strasser*, Die kollektiven Mächte im Arbeitsleben, Wien 1963, S. 29 ff. und S. 157 ff., Peter *Pernthaler*, Verfassungsrechtliche Probleme der autonomen Rechtsetzung im Arbeitsrecht, Österr. Zeitschrift für öffentliches Recht XVII, 1967, S. 45; Hans *Floretta*, Arbeitsrecht und Europäische Menschenrechtskonvention, Salzburger Universitätsreden Heft 21, Salzburg—München 1967, jüngst auch Rudolf *Strasser*, Kollektivvertrag und Verfassung, Wien 1968.

[22] So führt z. B. das Bundesverfassungsgericht in Bezug auf Art. 20 GG aus „Das Wesentliche zur Verwirklichung des Sozialstaates aber kann nur der Gesetzgeber tun" (BVerfGE 1, 105). Das Sozialstaatsprinzip muß durch

Aus der österreichischen Verfassung, die gemäß den Erkenntnissen der Reinen Rechtslehre im Hinblick auf die Sozial- und Wirtschaftsordnung wert-neutral konzipiert ist, lassen sich materielle Grundsätze, Rangordnung von Staatszwecken oder sonstige Staatszielsetzungen auf diesem Gebiet aus dem Verfassungsrecht nur schwer erkennen[23]. Besondere Bedeutung kommt hier den im Verfassungsrang stehenden Grundrechtsbestimmungen und internationalen Abkommen zu, soweit sie in Verfassungsrang stehen[24], aber auch den Kompetenztatbeständen, die in einem Bundesstaat als *Organisationsnormen* die Zuständigkeiten und Aufgaben zwischen Bund und Ländern teilen.

Soziale Grundrechte können durch Statuierung entsprechender Kompetenztatbestände in einer Verfassung als indirekt vorausgesetzt werden. Sie sind zwar in den Kompetenztatbeständen angezeigt, man kann in diesen Kompetenzregelungen aber verschiedene Gestaltungen implizieren. Wenn zum Beispiel in Artikel 10, Ziffer 11 B.-VG. „Arbeiter- und Angestelltenschutz" als Kompetenztatbestand aufgezählt ist, so ist dies doch eine sehr vage Formulierung, die keine Rückschlüsse auf die konkrete Ausgestaltung in einer bestimmten Situation für bestimmte Gruppen von Arbeitnehmern zuläßt. Es müßte zum Beispiel Artikel 8 der Europäischen Sozialcharta, der das Recht der Arbeitnehmerinnen auf Schutz behandelt, in seiner Ausgestaltung nicht denknotwendig auf Grund des angeführten Kompetenztatbestandes „Arbeiter- und Angestelltenschutz" die spezifische Präzisierung der Europäischen Sozialcharta erfahren. Es wäre auch eine durchwegs andere Sinngebung dieses Rechtes denkbar, die auch als „Arbeiter- und Angestelltenschutz" gewertet werden müßte, die aber den Kompetenztatbestand an sich ausschöpfen würde. Ob allerdings eine den Erfordernissen des sozialen Rechtsstaates gerecht werdende Lösung erreicht werden könnte, müßte dahingestellt bleiben und könnte nur an Hand des Sozialstaatsgrundsatzes (wenn in der Verfassung verankert) oder etwa auf Grund des Gleichheitssatzes überprüft und korrigiert werden. Viel problematischer

---

die Gesetzgebung effektuiert werden, es ist Ziel für die Gesetzgebung. An anderer Stelle (BVerfGE 22, 180, 204) bemerkt er: Art. 20, Abs. 1 GG bestimmt nur das „Was", das Ziel, die gerechte Sozialordnung; er läßt aber für das „Wie", d. h. für die Erreichung des Ziels, alle Wege offen. Deshalb steht es dem Gesetzgeber frei, zur Erreichung des Ziels auch die Mithilfe Privater ... vorzusehen.

[23] Siehe Erwin *Melichar*, Die Entwicklung der Grundrechte in Österreich, Wien 1964, S. 23 und *Schambeck*, a.a.O.

[24] Wie zum Beispiel die Europäische Menschenrechtskonvention oder auch der Staatsvertrag vom 15. Mai 1955 (insbesondere Artikel 6 und 8). Gerhard *Schnorr*, Sozialstaat — ein Rechtsbegriff: in: Festschrift für Hans Schmitz, Wien—München 1967, Bd. II, S. 266 tritt wegen der auch äußerlichen Bindung des einfachen Gesetzgebers an eine höherrangige gesellschaftspolitische Vorentscheidung dafür ein, daß der Europäischen Sozialcharta in der österreichischen Rechtsordnung Verfassungsrang eingeräumt werde.

bleibt allerdings die Tatsache, daß zur Ausschöpfung eines verfassungsmäßig vorgesehenen Kompetenztatbestandes an sich gar keine Verpflichtung besteht. Eine Kompetenznorm ist wohl Vorbedingung staatlicher Ingerenz; jedoch ist es weder möglich, aus der Kompetenznorm
an sich einen Anspruch abzuleiten, noch bei Nichtausschöpfung eines
Kompetenztatbestandes durch den Staat, diese zu erzwingen. Eine bestimmte Kompetenz eröffnet als Ermächtigungsnorm die Möglichkeit
der „Ausübung einer Rechtsmacht", statuiert aber nicht auch eine Verpflichtung zur Ausübung derselben. Zumindest besteht für den Kom-
petenzträger keine rechtlich erzwingbare Verpflichtung, gemäß einer
Kompetenz bestimmte Akte oder einen Akt überhaupt, zu setzen, sieht
man von den durch die demokratischen Verfahrensweisen eröffneten
Kontrollmöglichkeiten der Staatsorgane ab. Fragerecht, Petitionsrecht
und auch Ministerverantwortlichkeit sind hierbei eher als politische,
denn als rechtliche Kontrollen zu verstehen. Es kann daher eine bundes-
staatliche Kompetenzregelung der mögliche, oben nicht unbedingt notwendige Ausgangspunkt zur Verwirklichung der in sozialen Grundrechten postulierten Forderungen nach staatlicher Sozialgestaltung sein,
niemals werden aber bloße Organisationsnormen den in den sozialen
Grundrechten zum Ausdruck kommenden Ansprüchen gerecht werden
können.

Verstand sich die liberale Verfassung als „Instrument der Beschränkung der Staatsgewalt"[25] und begriff die Reine Rechtslehre sie nur als
„oberste Verfahrensnorm der Rechtserzeugung"[26], so ist die moderne
Verfassung wohl in gewissem Maße beides zugleich, aber auch wiederum wesentlich mehr: sie ist rechtliche Grundordnung für ein politisches
Gemeinwesen und erlaubt dessen Integrationsprozeß[27], der sich unter
bestimmten soziologischen Gegebenheiten vollzieht und in dem die Verfassung mit einer Fülle „sozialer Motivierungen"[28] rechnen muß. Dies
mag der Grund sein, warum sich soziale Motivationen auch in Form von
Programmsätzen und Staatszielbestimmungen in Verfassungen einge-
baut finden. Die normative Beständigkeit der Verfassung wird relati-
viert und dynamisiert und in einen Zustand der Spannung versetzt[29].
Vom Standpunkt eines klassischen Verfassungskonzeptes scheint die
Aufnahme sozialer Grundrechte als Verfassungsprogramm bzw. als

---

[25] Hans *Huber*, Soziale Verfassungsrechte, in: Rechtsstaatlichkeit und Sozialstaatlichkeit hgb. von Ernst *Forsthoff*, Darmstadt 1968, S. 11.

[26] Hans *Kelsen*, Allgemeine Staatslehre, Berlin 1925, S. 234, 249 ff., Reine
Rechtslehre, 2. Auflage, Wien 1960, S. 228 ff.

[27] Vgl. Rudolf *Smend*, Verfassung und Verfassungsrecht, in: Staatsrechtliche Abhandlungen, 2. Auflage Berlin 1968, S. 187 ff.

[28] *Smend*, a.a.O., S. 189.

[29] *Tomandl*, a.a.O., S. 25 f.

Staatszielerklärung nicht erwünscht[30], weil dadurch der Konflikt zwischen Freiheit und Sicherheit Bestandteil der Verfassung werden würde[31].

Mag man es bedauern oder gutheißen, die Tatsache, daß viele Verfassungen neben ausdrücklichen Freiheitsrechten auch Erklärungen über den die sozialen Grundrechte ausmachenden Inhalt enthalten (und zwar nicht in Form von Ansprüchen des Einzelnen) kann durch eine rechtsvergleichende Untersuchung leicht nachgewiesen werden[32]. Es gilt daher, sich mit diesem Phänomen auseinanderzusetzen. Die intensive Beschäftigung mit dem programmatischen Bekenntnis des Bonner Grundgesetzes zum sozialen Rechtsstaat spiegelt sich bereits in einer reichhaltigen Literatur[33] und Judikatur[34], die an sich positiv zu bewerten ist und zu einem besseren Selbstverständnis des Individuums im politischen Gemeinwesen beiträgt.

Verfassungsrechtliche Bestimmungen zeichnen sich durch Kürze und Prägnanz aus. Diesen Vorzug wird eine Erklärung sozialer Grundrechte als Verfassungsprogramm schwerlich aufweisen können. Ihrem Wesen nach kann der Inhalt sozialer Grundrechte nur in Konfrontation mit wirtschaftlichen und sozialen Verhältnissen verwirklicht werden. Aus Gründen der raschen Veränderlichkeit wirtschaftlicher und sozialer Daten, die einer eigenen Gesetzlichkeit unterliegen und die in Zeiten internationaler Verflechtung auch immer mehr von Faktoren abhängen, die nicht im Einflußbereich des betreffenden Staates liegen, bedürfen sie einer ausführlichen, wandlungs- und anpassungsfähigen Ausgestaltung, die kaum in lapidaren Verfassungssätzen möglich sein wird.

---

[30] *Tomandl*, a.a.O., S. 26 f., verweist in diesem Zusammenhang auf die Gefahr der Beeinträchtigung der Rechtssicherheit und Rechtsklarheit.

[31] *Tomandl*, a.a.O., S. 26.

[32] *Tomandl*, a.a.O., S. 24 f., führt als Beispiele Bestimmungen der Verfassungen Dänemarks, Frankreichs, Irlands und Italiens an.

[33] Beachte hier vor allem: Ernst *Forsthoff* (Hrsgb.), Rechtsstaatlichkeit und Sozialstaatlichkeit, Darmstadt 1968.

[34] Insbesondere, weil das Grundgesetz die „Sozialstaatlichkeit zu den tragenden Prinzipien" des Staates erklärt (nach BVerfGE 3, 381). In einer Reihe von höchstgerichtlichen Erkenntnissen wird auf das Sozialstaatsprinzip Bezug genommen; so hat das Bundesverfassungsgericht ausgesprochen, daß es dem Verfassungsgrundgesetz des Art. 20, Abs. 1 widersprechen würde, „wenn eine Partei lediglich durch Armut daran gehindert werden könnte, ihre Rechte vor Gericht geltend zu machen" (BVerfGE 1.111). Auch das Bundesarbeitsgericht hat den Sozialstaatsgrundsatz des öfteren als mittelbare Anspruchsgrundlage herangezogen, und z. B. ausgesprochen, daß der Anspruch auf Urlaub auch „in den Prinzipien des sozialen Rechtsstaates" wurzelt (BAG AP Nr. 7 zu § 611 BGB Urlaubsrecht). Desgleichen zieht auch das Bundessozialgericht in seinen Entscheidungen das Sozialstaatsprinzip heran, so z. B. zur Stütze der Ansicht, daß Renten der Sozialversicherung als „erdiente" subjektive öffentliche Rechte „Eigentum" im Sinne des Art. 14 GG seien (BSG 9, 127). Weitere Entscheidungen finden sich in den S. 92 f. Fußnote 56 angeführten Arbeiten.

Es bliebe hier einzig die Möglichkeit, soziale Grundrechte in Kurz-
formeln in der Verfassung anzuzeigen, ihre spezifische Ausgestaltung
aber einfach-gesetzlichen Maßnahmen zu überlassen. Die Gefahr aber,
daß aus einem einzigen Programmsatz — wie es die Sozialstaatsklausel
in Artikel 20 und 28 des Grundgesetzes ist — soziale Rechte und wirtschaftliche Ansprüche heraus interpretiert werden, sollte zur Zurückhaltung bei einer Aufnahme von sozialstaatlichen Formulierungen in
den Verfassungstext mahnen. Im übrigen müssen diese Staatszielbestimmungen zu ihrer Konkretisierung auf einfach-gesetzliche Ausführung angewiesen bleiben. Die verfassungsrechtliche Bedeutung
sozialstaatlicher Formulierungen liegt aber in der Notwendigkeit einer
an den sozial-ökonomischen Gegebenheiten orientierten Interpretation
der Gesamtverfassung und der Gesamtrechtsordnung, besonders aber in
der Notwendigkeit eines sozialen und nicht ausschließlich liberalen Ver-
ständnisses der klassischen Grundrechte. Außerdem gilt eine derartige
Formulierung im Verfassungstext auch als Gestaltungsmaxime für
künftige gesetzgeberische und verwaltungsrechtliche Tätigkeit. Programmatische sozialstaatliche Staatszielformulierungen können verschiedene Gestalt aufweisen. Eine bestimmte feststehende Form für derartige Erklärungen läßt sich nicht feststellen.

Eine weitere Möglichkeit der Gewährung sozialer Grundrechte wäre
die Rechtsform der sogenannten *Einrichtungsgarantie*[35]. Bestimmte
öffentlich-rechtliche oder privatrechtliche Einrichtungen werden hiebei
unter den besonderen verfassungsrechtlichen Schutz gestellt. Es kann
auf diese Weise das Funktionieren bestimmter Einrichtungen, wie zum
Beispiel der gemeindlichen Selbstverwaltung, oder der Bestand der Ehe,
des Privateigentums oder des Erbrechtes gewährleistet werden. Die Einrichtungsgarantie ist an den Gesetzgeber gerichtet. Es wird dabei die
typische Gestalt einer — meist tradierten — gesellschaftlichen Erscheinung als komplexes Rechtsinstitut garantiert. In der Weimarer Verfassung fand sich die Form institutioneller Garantien besonders ausge-
prägt[36]. Im Bonner Grundgesetz wurde wiederum auf sie zurückgegrif-
fen[37]. In der österreichischen Rechtsordnung ist zum Beispiel die Ge-
meindeselbstverwaltung verfassungsrechtlich in Form der Einrichtungs-

---

[35] Über institutionelle Garantien siehe Carl *Schmitt*, Verfassungslehre,
München und Leipzig 1928, S. 170 ff. und auch Ulrich *Scheuner*, Die institutionellen Garantien des Grundgesetzes, in: Recht, Staat, Wirtschaft, Band 4,
1953, S. 88 ff.; *von Mangold-Klein*, Das Bonner Grundgesetz, 2. Auflage, Berlin und Frankfurt 1957, Band 1; Gunther *Abel*, Die Bedeutung der Lehre von
den Einrichtungsgarantien für die Auslegung des Bonner Grundgesetzes, Berlin 1964; *Maunz - Dürig*, Grundgesetz, Kommentar, München und Berlin 1966,
Art. 1 Rand-Nr. 96 ff.

[36] Vgl. die Artikel 105, 119, 130, 139, 153, 154.

[37] Vor allem die Garantie des Berufsbeamtentums im Artikel 33.

garantie geschützt[38]. Die Einrichtungsgarantie ist nur eine verfassungsgesetzliche Rahmenregelung, die der näheren Ausführung und Konkretisierung durch den einfachen Gesetzgeber bedarf. Der Gesetzgeber aber
wäre gehalten, zur Aktualisierung des als institutionelle Garantie ge-
stalteten sozialen Rechtes entsprechende Maßnahmen zu setzen. Die verfassungsrechtliche Einrichtungsgarantie wäre dann ein Auftrag an den
Gesetzgeber, eine dem Wesen der Institution einerseits und den sozialen,
wirtschaftlichen und politischen Gegebenheiten andererseits entsprechende Ausformung des sozialen Grundrechtes vorzunehmen. Zweifel
über die typische Form einer betreffenden Institution können allerdings
auftreten. Einer Institution haftet naturgemäß der Charakter der Beständigkeit und Dauerhaftigkeit an. Sie ist das Endprodukt einer langen
Entwicklungskette, die es zu schützen und zu erhalten gilt. Sie soll nicht
ausgehöhlt, in ihrem Wesen angetastet werden, darum auch der qualifizierte verfassungsrechtliche Schutz. Er ist als Sperre gegen etwaige
Änderungen gedacht und der Vergleich mit der Wesensgehaltsgarantie
der liberalen Grundrechte ist naheliegend[39].

Berechtigt ist die Frage, ob die Form der Einsichtungsgarantie geeignet ist, zur Verwirklichung sozialer Grundrechte beizutragen. Soziale
Grundrechte erfordern eine immer flexible Rechtstechnik, da sie ihrer
Natur nach auf Veränderlichkeit der sozialen Sachverhalte abgestellt
sind, während eine Einsichtungsgarantie einmal Erreichtes absichert;
und zwar absichert — müßte man annehmen — gleichermaßen gegen
rückschrittliche und fortschrittliche Änderungsbestrebungen.

Wenn man die Institution nicht als statisches Endprodukt einer Entwicklung ansieht, sondern den Begriff der „typischen Erscheinung" als
Hauptinhalt gegenwartsbezogen betrachtet, mag es vielleicht möglich
sein, die Rechtsform verfassungsmäßiger Einrichtungsgarantien auch auf
soziale Grundrechte anzuwenden. Dies scheint ein Widerspruch in sich
zu sein, ist aber nur eine Spannung, die ebenso im Verhältnis vom Recht
zur Realität gelegen ist. Es ist nicht ausgeschlossen und widerspricht
nicht dem Wesen einer Institution, dieselbe nach verschiedenen Möglichkeiten hin auszugestalten. Sie stellt — wenn der Vergleich herangezogen
werden darf — sozusagen den Rohbau eines Hauses dar, welchem aber
außen und innen immer wieder eine neue Gestaltung und Einrichtung
widerfahren kann, ohne daß das Gebäude an sich verändert werden
müßte. Auf diese Weise könnte bis zu einem gewissen Grade der den
sozialen Grundrechten inhärenten Dynamik entsprochen werden. Dabei
darf aber nicht übersehen werden, daß bei der Rechtsform der Einrichtungsgarantie — was Theodor Tomandl hervorhebt[40] — eine Gefahr

---

[38] Vgl. die Artikel 115 ff. B.-VG.
[39] *Tomandl*, a.a.O., S. 42.
[40] *Tomandl*, a.a.O., S. 42 ff.

darin besteht, daß aus ihr allzu leicht subjektiv-öffentliche Rechte abgeleitet werden können. Dies entspricht jedoch nicht dem Wesen der
Einrichtungsgarantie, die nur den einfachen Gesetzgeber berechtigt und
verpflichtet, aber weder ein subjektives Recht ist, noch die Offenhal-
tung eines Rechtsweges vorsieht[41]. Wer übrigens soziale Rechte in Einrichtungsgarantien gewährleisten will, wird des sozialen Gleichts-
gewichts in der Verfassung wegen auch die wirtschaftlichen Rechte in
dieser Rechtsform schützen müssen[42].

Die bisher aufgezeigten Verwirklichungsmöglichkeiten sozialer
Grundrechte sind durchwegs verfassungsrechtlicher Natur. Häufig findet sich aber — z. B. in der österreichischen Rechtsordnung — der
*Hauptinhalt vieler sozialer Grundrechte auch auf einfachgesetzlicher
Stufe bereits verwirklicht;* umfassende sozial- und arbeitsrechtliche Bestimmungen sind für unsere Zeit kennzeichnend. Der Sozialstaatsgedanke findet hier in großem Umfang seinen Niederschlag. Aus der
Einsicht in soziale und wirtschaftliche Sachzusammenhänge und unter
dem politischen Druck der aufstrebenden Arbeiterklasse nahm die So-
zial- und Arbeitsrechtsgesetzgebung seit dem ersten Weltkrieg an Bedeutung und Umfang immer mehr zu und hat einen derart hohen Grad
von Effizienz erreicht, daß man sich fragen muß, ob es bei der bestehenden Gesetzeslage überhaupt einer verfassungsrechtlichen Verankerung
sozialer Grundrechte bedarf. Die Berechtigung dieser Frage ist angesichts der rechtstechnischen Schwierigkeit, die sich aus der verfassungsmäßigen Statuierung sozialer Grundrechte ergeben können, um so berechtigter. Üben doch auch einfachgesetzlich verwirklichte soziale
Grundrechte auf die Verfassung einen bedeutsamen Einfluß aus. Über
die Möglichkeit des Gesetzesvorbehaltes bei vielen verfassungsmäßig
verankerten liberalen Grundrechten gewinnt diese Sozial-Gesetzgebung
Relevanz auch auf Verfassungsebene. Die Beschneidung und Begrenzung liberaler Grundrechte durch soziale Vorbehalte und Schranken
prägt heute die ursprünglichen individualistischen Freiheitsrechte und
gibt ihnen eine soziale Färbung.

Aus dem Glauben an die Unantastbarkeit und erhöhte Garantie-
wirkung von Verfassungsnormen wird immer wieder die Aufnahme
sozialer Grundrechte auch in den Verfassungsrang, etwa in Form einer
Ergänzung des Grundrechtskataloges, gefordert und diskutiert. Eine
verfassungsmäßige Verankerung sozialer Grundrechte ist aber nicht so
einfach. Zugleich mit der Entscheidung über die Frage der Aufnahme
derartiger Tatbestände in eine Verfassung muß man sich der rechtstechnischen Schwierigkeiten und Konsequenzen bewußt sein. Die Frage

---

[41] Carl *Schmitt*, a.a.O., S. 172.

[42] Karl *Korinek*, Zur Problematik sozialer Grundrechte, Berichte und Informationen vom 24. 9. 1965, S. 14.

des „Ob" kann nur im Zusammenhang mit dem „Wie" gesehen werden.
Für eine kompromißlose, undifferenzierte Aufnahme sozialer Grundrechte in die Verfassung zu plädieren, ohne die möglichen weitreichen-
den Konsequenzen einer derartigen Rezeption auf die gesamte Rechts-
und Sozialordnung zu überlegen, wäre eine gefährliche Forderung. Soziale Grundrechte könnten sich nur allzu leicht als „Trojanisches Pferd"
erweisen und die Rechtssicherheit stark beeinträchtigen. Vorsichtiges
und jedes Für und Wider abwägendes Vorgehen ist bei einem derartigen Unterfangen angebracht. Übereiltes Drängen auf verfassungsmäßige Verankerung sozialer Grundrechte scheint in Staaten hochent-
wickelter Arbeitsrechts- und Sozialgesetzgebung, wie es in der Bundesrepublik Deutschland und Österreicht der Fall ist, nicht notwendig.

Die Vorbereitungsarbeiten, die zum Beispiel die seit 1964 arbeitende
Grundrechtskommission für die Neugestaltung eines Grundrechtskataloges für die Österreichische Rechtsordnung leistet, sind unentbehrlich
und werden noch lange Zeit in Anspruch nehmen, bevor legislatorische
Schritte in diese Richtung unternommen werden können.

Es wird angezeigt sein, verschiedenen sozialen Grundrechten eine verschiedene Rechtsform zu geben — vorausgesetzt überhaupt, daß eine
verfassungsmäßige Verankerung dieser Tatbestände für notwendig erachtet wird. Wahrscheinlich wird aber mit rechtsformalen Gründen dem
starken politischen Drängen für eine verfassungsmäßige Begründung
sozialer Grundrechte nicht immer leicht begegnet werden können. Es
wäre jedoch verfehlt, beim Stand der gegenwärtigen Rechtstechnik die
Flucht nach vorne antreten zu wollen, selbst wenn die Rechte der
Europäischen Sozialcharta dazu eine Möglichkeit bieten könnten.

Die Konstruktion des subjektiven-öffentlichen Rechtes dürfte sich
wohl — bei Beibehaltung der derzeitigen Staats-, Wirtschafts- und Ge-
sellschaftsform — für soziale Grundrechte als unbrauchbar erweisen.
Bei einer Überprüfung der in der Europäischen Sozialcharta enthaltenen Grundrechte dürften das im Artikel 5 artikulierte Vereinigungsrecht und das im Artikel 6, Ziffer 4, statuierte Recht der Arbeitnehmer
und Arbeitgeber auf kollektive Maßnahmen (Streikrecht und Aussperrungsrecht als Prototypen) und Artikel 18, Ziffer 4, das Recht der
Staatsangehörigen, das Land zu verlassen, um in den Gebieten der anderen Vertragsparteien eine Erwerbstätigkeit auszuüben, am ehesten
noch für eine derartige Konstruktion geeignet sein, da sie sich auch aus
dem status negativus ableiten lassen.

Eine institutionelle Garantie wäre eventuell möglich für Artikel 6
(Recht auf Kollektivverhandlungen), Artikel 9 (Recht auf Berufsberatung), Artikel 10 (Recht auf berufliche Ausbildung), Artikel 12 (Recht
auf soziale Sicherheit), Artikel 13 (Recht auf Fürsorge), Artikel 14 (Recht

auf Inanspruchnahme sozialer Dienste), Artikel 15 (Recht der körperlich, geistig oder seelisch Behinderten auf berufliche Ausbildung sowie
auf berufliche und soziale Eingliederung oder Wiedereingliederung),
Artikel 16 (Recht der Familie auf sozialen, gesetzlichen und wirtschaftlichen Schutz). Teilweise könnten Bestimmungen der Artikel 18 und 19
(die vom Recht auf Ausübung einer Erwerbstätigkeit im Hoheitsgebiet
der anderen Vertragsparteien und vom Recht der Wanderarbeiter und
ihrer Familien auf Schutz und Beistand) auf diese Weise ihre verfassungsmäßige Ausprägung erfahren.

Als Verfassungsprogrammsatz könnten etwa Artikel 1 (Recht auf Arbeit), Artikel 2 (Recht auf gerechte Arbeitsbedingungen), Artikel 3
(Recht auf sichere und gesunde Arbeitsbedingungen), Artikel 4 (Recht
auf ein gerechtes Arbeitsentgelt), Artikel 7 (Recht der Kinder und
Jugendlichen auf Schutz), Artikel 8 (Recht der Arbeitnehmerinnen auf
Schutz), Artikel 17 (Recht der Mütter und Kinder auf sozialen und wirtschaftlichen Schutz) bzw. Artikel 18 und 19 verwirklicht werden.

Das im Artikel 11 ausgesprochene Recht auf Schutz der Gesundheit
kann ebenfalls auf diese Weise Eingang in die Verfassung finden. Der
Anspruchscharakter dieses Rechtes ist in der heutigen Zeit besonders
wichtig, so daß fast von einer Anspruchsnotwendigkeit gesprochen
werden muß[43].

Die letzte der aufgezeigten Möglichkeiten der verfassungsrechtlichen
Statuierung sozialer Grundrechtstatbestände, nämlich deren Aufnahme
in den organisationsrechtlichen Teil einer Verfassung bzw. in den Kom-
petenzkatalog wird der Komplexheit und Kompliziertheit sozialer
Grundrechte nicht gerecht. Der Sozialgestaltungsauftrag wäre hier nur
im Ansatz gegeben, ohne eine bestimmte Zielrichtung der weiteren gesetzlichen Ausformung der sozialen Grundrechte erkennen zu lassen.
Die aufgezeigten anderen Möglichkeiten würden eine detailliertere Regelung — etwa in Anlehnung an die Europäische Sozialcharta — erlau-
ben und so der Vielschichtigkeit sozialer Tatbestände und dem konkreten Schutzbedürfnis des Einzelnen besser entsprechen.

Trotzdem bleiben auch hier viele Fragen offen, wobei das Problem der Erzwingbarkeit staatlicher Maßnahmen zum Schutze der
sozialen Grundrechte heute noch vielfach als mit den Mitteln der frei-
heitlich liberalen Rechtstechnik unter gleichzeitiger Beibehaltung einer
freiheitlich-konstitutionellen Grundkonzeption schwer lösbar, wenn
nicht unlösbar erscheint.

---

[43] Peter *Pernthaler*, Grundrecht auf Schutz der Gesundheit?, Der Staatsbürger, 21. Jahrgang, Folge 10, vom 7. Mai 1968, tritt bezüglich des Schutzes
der Gesundheit nachdrücklich für einen absoluten Rechtsanspruch des Einzelnen ein.

Ein erster bedeutsamer Schritt in die Richtung eines effektiven sozialen Rechtsstaates wäre schon die wirksame Veranlassung sozialgestalterischer Gesetzgebungsakte. Auf diese Weise will die Europäische Sozialcharta mit ihren sogenannten sozialen Grundrechten Empfehlungen geben. Dabei darf aber nicht angenommen werden, daß durch die sozialen Grundrechte der Europäischen Sozialcharta dem *Gesetzgeber* geradezu „Fesseln" angelegt werden; es bleibt ihm eine *weitgehende Gestaltungsfreiheit* gewährt. Es darf nämlich nicht übersehen werden, daß dem Bemühen um sozialen Schutz nicht nur durch staatliche Maßnahmen entsprochen wird, sondern vor allem und primär durch ein freiwilliges gemeinwohlorientiertes Verhalten des einzelnen Staatsbürgers, das Ausdruck einer bewußten Sozialverpflichtung ist. Der Anruf der sozialen Grundrechte ergeht an den Menschen als freie Persönlichkeit; ihm sollen die sozialen Bedingungen seiner freien Entfaltung geboten werden.

Mit den sozialen Grundrechten der Europäischen Sozialcharta ist der zu ihrer Ausführung und Ausfüllung vorgesehene und notwendige Mensch mitgedacht, von ihm hängt auch ihre Effektivität ab. Eine Verwirklichung ist nur soweit möglich, als der Mensch selbst dazu beiträgt. Die sozialen Grundrechte sind daher ihrem Wesen nach relativitätsgebunden[44]. Die Relativitätsgebundenheit der sozialen Grundrechte, die sich übrigens auch in diesem Merkmal deutlich von den klassischen Grundrechten unterscheiden, äußert sich daneben auch darin deutlich, daß sie nicht in jeder sozialen Lage und wirtschaftlichen Situation in gleicher Weise ausgeführt werden können; sie verlangen ihrer Natur nach, wie Karl Korinek feststellte, „eine Anpassung an die Relativität der gegebenen Verhältnisse", sie „sind nämlich in ihrer Verwirklichung von derart vielen Gegebenheiten allgemeiner und volkswirtschaftlicher Natur abhängig, daß sie besonders elastisch formuliert sein müßten, um nicht nur aus Gemeinplätzen und Unwahrhaftigkeiten zu bestehen"[45].

Diese *Relativitätsgebundenheit und Wertorientiertheit der sozialen Grundrechte* der Europäischen Sozialcharta wird ihre Aufnahme in die Verfassungsordnung von Staaten, die den Staatszwecken gegenüber eher wertneutral sind, sehr erschweren. Dessen müssen sich aber die Verfasser der Europäischen Sozialcharta bewußt gewesen sein, denn der Wortlaut der einzelnen sozialen Grundrechte der Europäischen Sozialcharta ist so abgefaßt, daß diese Bestimmungen zum überwiegenden Teil keinen verfassungsmäßigen Vollzug ermöglichen. Da die verpflichtenden Bestimmungen zu ungenau sind, bedürfen sie zu ihrem Vollzug

---

[44] So auch *van der Ven*, a.a.O., S. 56.
[45] *Korinek*, a.a.O., S. 13.

gesetzgeberischer Akte. Andreas *Khol* hat daher in bezug auf die österreichische Rechtsordnung festgestellt, daß eine generelle Transformation
in Österreich für die Europäische Sozialcharta verfassungswidrig wäre
und eine *spezielle Transformation* nach Artikel 50 (2) B.-VG. angeord-
net werden müßte[46]. Sollte diese spezielle Transformation durchgeführt
werden, und die Europäische Sozialcharta in Geltung treten, dann
würde neben den, mehr den Sozial- und Wirtschaftsproblemen der Gegenwart — weil auch mehr als hundert Jahre alt — neutral gegenüber-
stehenden klassischen Grundrechten, Fundamentalrechte stehen, die von
einem ausgesprochenen Wertdenken getragen wären und den Kultur-
und Wohlfahrtszweck in einer Verfassung besonders betonen würden,
welche in sozial- und wirtschaftspolitischer Sicht keine Wertung der
Staatszwecke vorgenommen, sondern vielmehr, wie aus den Kompetenztatbeständen zu ersehen ist, dem einfachen Gesetzgeber die Blanko-
vollmacht eingeräumt hat, sowohl im Dienste des Rechts- und Machtzweckes, wie des Kultur- und Wohlfahrtszweckes tätig zu werden[47]. Wie
man aus der umfangreichen Sozial- und Wirtschaftsgesetzgebung Öster-
reichs ersehen kann, hat der österreichische Gesetzgeber von dieser
Möglichkeit weitgehend Gebrauch gemacht und sehr viele, in der Europäischen Sozialcharta statuierten und proklamierten Grundrechte bereits in der österreichischen Rechtsordnung ausgeführt.

Während die klassischen Grundrechte dem Einzelnen eine bis zu ihrer
Gewährung nicht so sehr bestandene Freiheit der Persönlichkeit verschaffen wollten, würden die sozialen Grundrechte in einem überwiegenden Teil der in der Europäischen Sozialcharta enthaltenen Forderungen in manchen Staaten bloß einen bereits einfach gesetzlich herbeigeführten Zustand verfassungsgesetzlich zu garantieren suchen. Dabei
erhebt sich, vor allem im Hinblick auf Österreich, die Frage, ob diese
verfassungsgesetzliche Garantie eines bereits einfachgesetzlich längst
eingeführten Zustandes ein nicht zu hoher Preis dafür ist, daß man in
einer Verfassung, die wie die österreichische — was auch Karl
Korinek[48] betont — sozial- und wirtschaftspolitisch weitgehend neutral
ist, einen sozial- und wirtschaftspolitischen Inhalt aufnimmt, der auf
einem Gebiet eine Vorentscheidung im Verfassungsrang von einfachgesetzlich zu beantwortenden Fragen trifft, deren Beantwortung schon
auf Grund der Natur der Materie nur zeitgebunden und auf keinen Fall allgemeingültig sein kann. So ist zum Beispiel der Beschäftig-
tenstand und alle damit verbundenen Folgerungen von der sich jeweils

---

[46] *Khol,* a.a.O., S. 82. Siehe auch Edgar *Triebnigg,* Österreich, die sozialen
Grundrechte und die Europäische Sozialcharta; Gesellschaft und Politik, Neue
Folge, Heft 1/1965, S. 15 ff., besonders S. 23 ff.

[47] *Schambeck,* a.a.O., S. 264.

[48] *Korinek,* a.a.O., S. 14.

ändernden Situation der Wirtschaft abhängig, deren Verlauf durch keine, wie immer gefaßte Verfassungsnorm vorherbestimmt werden kann.

Die Tatsache der wechselnden Wirtschafts- und Sozialsituation wird den Verfassern der Europäischen Sozialcharta vor Augen gestanden sein, als sie den einzelnen Grundrechten einen allgemein gehaltenen Wortlaut gaben und vor allem, als sie im Teil IV der Europäischen Sozialcharta, der das System zur Kontrolle der Einhaltung der Verpflichtungen der Charta umreißt, im Artikel 29 vorgesehen haben, daß das Ministerkomitee mit Zweidrittelmehrheit der zur Teilnahme an den Sitzungen des Komitees berechtigten Mitglieder auf Grund des Berichtes des Unterausschusses und nach Anhörung der beratenden Versammlung an jede Vertragspartei nur Empfehlungen richten kann.

Sowohl aus den einzelnen Grundrechtsartikeln der Europäischen Sozialcharta wie aus ihren Bestimmungen über die Einhaltung der Verpflichtungen der Charta ergibt sich ein besonderes Maß an Freiheitsdenken, das in der Einräumung eines möglichst großen Spielraumes bei der Erreichung der in diesem Vertragswerk zum Ziel gesetzten Zwecke zum Ausdruck kommt. Mit dieser Freiheit ist es sicher nicht unvereinbar, wenn ein Staat, ohne sich ausdrücklich als sozialer Rechtsstaat zu bezeichnen, sich als solcher gibt. Heinz Krejci ist zweifellos zuzustimmen: „Ob die gesetzliche Verbürgung positiver sozialer Ansprüche verfassungsgesetzlich oder durch einfache Gesetze normiert ist, stellt sich als eine rechtstechnische Frage dar, die das Wesen des sozialen Rechtsstaates in seinem Bestand nicht berührt"[49].

Als Empfehlung zur Sozialgestaltung, die als Europäische Sozialcharta auf die Situation in allen europäischen Staaten Rücksicht zu nehmen hat und daher so allgemein wie möglich gehalten sein muß, um eine zeit- und ortorientierte Ausführung durch die jeweilige Gesetzgebung zu ermöglichen, ist dieser Katalog sozialer Grundrechte eine große Verpflichtung, nämlich, eine dem christlichen Menschenbild entsprechende, dem Industriezeitalter angepaßte Beantwortung der alten Forderung nach Freiheit und Gleichheit zu geben. Diese Grundsätze stehen nicht nur an der Wiege des liberalen, sondern auch des sozialen Rechtsstaates. Beiden Formen des Rechtsstaates ist das Streben nach Rechtssicherheit gemeinsam; dabei geht der liberale Rechtsstaat von einem formalen Freiheitsideal, der soziale Rechtsstaat von einem materiellen Freiheitsbild aus, welches zum Gebrauch der gesetzlichen Freiheit die entsprechenden Lebensbedingungen für den Einzel-

---

[49] Heinz *Krejci*, Zur Problematik verfassungsmäßig gewährleisteter sozialer Rechte, „Die Versicherungsrundschau", 1965, Heft 5/6, S. 5.

nen verlangt, die ihn dazu befähigen, die ihm eingeräumten Freiheitsrechte im Dienste seiner Persönlichkeitsentfaltung zu gebrauchen.
Immanuel Kant hat schon erklärt, daß die persönliche Freiheit einmal
die Unabhängigkeit von fremder Willkür, zum anderen die Möglichkeit
beinhaltet, eigene Entschlüsse in die Tat umzusetzen[50]. Letztere Aufgabe hat sich die Europäische Sozialcharta in ihren Grundrechten gesetzt und sich damit solange in den Dienst der persönlichen Freiheit gestellt, als die Freiheit und Gleichheit ebenso wie die Würde des Menschen nicht pervertiert werden.

Eine solche *Gefahr der Pervertierung der in den Grundrechten der
Europäischen Sozialcharta zum Ausdruck kommenden Werte* ist dann
gegeben, wenn die angestrebte Gleichheit, welche allen die Freiheit ermöglichen soll, zur Gleichmacherei wird. Gleichheit verlangt nämlich,
daß Gleiches gleich und Ungleiches ungleich behandelt wird; sie wird
zur Ungleichheit, wenn Ungleiches gleich und Gleiches ungleich behandelt wird[51]. Wenn die Ungleichheiten bei der Anwendung des Gleichheitssatzes übersehen werden und das Gleichheitsgebot verletzt wird,
ist die Freiheit damit ernstlich gefährdet. Um das im Bereich der sozialen Grundrechte zu vermeiden, muß auf die orts- und zeitgebundenen
Verschiedenheiten und Gegebenheiten in der Wirtschafts- und Sozialsituation einer Gesellschaft ebenso Bedacht genommen werden, wie auf
die verschiedenen Fähigkeiten der einzelnen Sozialschutzbefohlenen.
Die Gleichheit, in den Dienst einer Planung der Gesellschaft gestellt,
hätte die Gefährdung jedes Einzelnen zur Folge, der um eine seinen
Anlagen und Fähigkeiten entsprechende Entfaltung seiner Persönlichkeit ringt.

In derselben Weise, in der bei einem materialen Freiheitsideal keine
Gleichheit gegeben ist, wenn es nur einigen möglich ist, von der persönlichen Freiheit Gebrauch zu machen, weil es ihnen ihre soziale und
wirtschaftliche Lage erlaubt, ist umgekehrt auch die Freiheit gefährdet,
wenn alle, unabhängig von ihrer sozialen und wirtschaftlichen Situation
und ihren Fähigkeiten, gleich berechtigt und gleich verpflichtet
wären. Die freie Entfaltung der Persönlichkeit ist nur dem Einzelnen
möglich, kann daher nur ihm eröffnet und daher nur von ihm als Ein-
zelnem und nicht als Teil einer Masse, die gleich behandelt wird, erlebt
werden. Daher verlangen verfassungsmäßig statuierte soziale Grundrechte nach näherer Konkretisierung und Ausgestaltung und verlangt
auch das Bild des Menschen in der Europäischen Sozialcharta die spe-

---

[50] Immanuel *Kant*, Metaphysik der Sitten, 1. Teil, VI, Riga 1797, S. 229.

[51] Über die Bedeutung der Natur der Sache für die Anwendung des Gleichheitssatzes siehe Hans Justus *Rinck*, Gleichheitssatz, Willkürverbot und Natur
der Sache, Juristenzeitung 1963, S. 521 ff., und Herbert *Schambeck*, Der Begriff
der „Natur der Sache", Wien 1964, S. 103 ff. und S. 141 ff.

zielle Transformation. Es verlangt von dem Gesetzgeber auf dem Wege der innerstaatlichen Rechtskonkretisierung, dem Einzelnen die Zuweisung dessen zu ermöglichen, was ihm auf Grund seiner Fähigkeiten, seiner Leistungen und seiner sozialen Situation zukommt.

Es wäre eine Pervertierung und Verkennung des in den einzelnen Artikeln der Europäischen Sozialcharta zum Ausdruck kommenden Bildes des Menschen, wollte sich der jeweilige staatliche Gesetzgeber von dem Ideal einer mechanistisch verstandenen Gleichheit leiten und die jeweilige Einzellage unberücksichtigt lassen, das heißt, Modifikationen keinen Raum gewähren. Dies hätte zur Folge, daß der Einzelne nicht mehr imstande ist, sich selbst als Persönlichkeit ganz zu entfalten und zum Einsatz zu bringen; er gefährdet sich dann dadurch, daß er sich durch sein Versagen im wachsenden Maße dem Staat ausliefert, der ihm dann nicht die Freiheit sichert, wohl aber ihn selbst versichert. Ein solcher Mensch, der nicht in der Lage ist, seinen Fähigkeiten entsprechend arbeiten zu können, wird damit auch in seiner Erwerbsfähigkeit geschmälert und so in der Fähigkeit, über jene Mittel selbst zu verfügen, die es ihm ermöglichen, sich vor den Wechselfällen des Lebens, wie Krankheit, Unfall und Alter, zu schützen. Er bedarf der Hilfe des Staates, von dem er immer mehr abhängig und somit persönlich unfrei wird.

Übernimmt der Staat einmal die Garantie für alle Wechselfälle, die im Leben des Einzelnen eintreten können, und wird die Eigeninitiative zur persönlichen Wohlfahrt nicht mehr in Rechnung gestellt, dann ist der dem sozialen Rechtsstaat und den Zielsetzungen der Europäischen Sozialcharta eigene Wohlfahrtszweck zum Versorgungszweck transformiert worden. Der Einzelne trägt dann keine Verantwortung für sein Wohlergehen mehr, weil der Staat seine Versorgung übernimmt. Eine solche Auslegung des Sozialgestaltungsauftrages der Europäischen Sozialcharta widerspricht ihrem Menschenbild. Es ist auf die freie Persönlichkeitsentfaltung abgestellt. Diese ist aber ausgeschlossen, wenn dem Einzelnen die Möglichkeiten der Selbstbestimmung und Eigenverantwortung genommen werden. Es wäre daher ein folgenreicher Irrtum, wovor Johannes Messner warnt, wollte man meinen, man könnte das Gemeinwohl „auf Kosten der menschlichen Persönlichkeitsentfaltung"[52] erkaufen. Wer das versucht, verkauft sich selbst und schließt jede freie Persönlichkeitsentfaltung aus. Es stünde daher im Widerspruch zu dem Menschenbild der Europäischen Sozialcharta, wollte man die Eigenverantwortung des Einzelnen unter Zugrundelegung eines mechanistischen Gemeinwohlbegriffes sozialisieren. Edgar Nawroth deckte die damit verbundene Gefahr auf, als er bemerkte: „Je weiter aber die Staats-

---

[52] Johannes *Messner,* Das Naturrecht, 5. Auflage, Innsbruck—Wien—München 1966, S. 214.

kompetenzen ausgedehnt werden, um so näher rückt das Bild der organisierten Massengesellschaft mit ihrem Hang zum Totalitären"[53].

Nicht nur das Recht auf Arbeit, auch das Recht auf soziale Sicherheit
kann zum Totalitarismus führen, und zwar dadurch, daß der Staat mehr
und mehr zur Mittelbeschaffung herangezogen wird und einen wirtschaftlichen Staatsdirigismus notwendig macht. Die historisch gewach-
sene Sozialversicherung ist dieser Gefahr begegnet und hat vor allem
durch die Beteiligung der Einzelnen an der Mittelbeschaffung den Per-
sonalitätsgedanken gewahrt. Dieser Gedanke darf bei der Durchführung
der Europäischen Sozialcharta im innerstaatlichen Recht nicht verloren
gehen.

Wird der Personalitätsgedanke außer acht gelassen und der Staat
allein verpflichtet, sozial-, wirtschafts- und gesellschaftspolitische Maßnahmen zu ergreifen, so würde der Staat, der früher eher Schiedsrich-
ter in den Auseinandersetzungen seines Bereiches war, in einem sich
ständig mehrenden Maße vergesellschaftet und damit selbst Mitbeteilig-
ter, aber nicht nur Verpflichteter sein, sondern auch Berechtigter werden. Dabei zeigt es sich deutlich, daß mit der Vermehrung der Staatsaufgaben der Totalitätsanspruch des Staates zunimmt. Er, der selbst
durch die Übertragung und Übernahme von Aufgaben, die über den
Rechts- und Machtzweck hinausgehen, vergesellschaftet wird, ist andererseits auch veranlaßt, die Gesellschaft und die Repräsentanten ihrer
organisierten Interessen, nämlich die Verbände, in den Dienst seiner
Gesetzesvollziehung zu stellen. Der *vergesellschaftete Staat würde* die
Gesellschaft verstaatlichen[54]. Der Einzelne aber, der Glied dieser verstaatlichten Gesellschaft und Bürger des vergesellschafteten Staates ist,
würde durch diese mit der Vermehrung der staatlichen Aufgaben verbundene Zunahme des staatlichen Ordnungsanspruches, immer unfähi-
ger und damit unfreier werden, von sich aus freiwillig einen Beitrag
zu seiner sozialen Sicherheit zu leisten. Die soziale Sicherheit würde auf
diese Weise zu einer staatlichen Sicherheit werden, die den Einzelnen
versichert, nämlich verschließt, d. h. in den Herrschaftsanspruch des
Staates einschließt.

Dieser Hinweis auf die Gefahr eines sich vermehrenden Einflusses
des Staates auf die Garantie sozialer Sicherheit soll aber nicht übersehen lassen, daß auf der anderen Seite der Staat aus dem Grundsatz
der Menschenwürde und der persönlichen Freiheit verpflichtet ist, dem

---

[53] Edgar *Nawroth*, Staat und Gemeinwohl, die Wohlfahrtsfunktion des heutigen Staates in sozialpolitischer Sicht, in: Sozialer Rechtsstaat, Wohlfahrtsstaat, Versorgungsstaat, Paderborn 1962, S. 45.
[54] Siehe dazu Herbert *Schambeck*, Kirche—Staat—Gesellschaft, Wien—
Freiburg—Basel 1967, S. 65 ff.

Einzelnen bei Notfällen, vor allem wenn sie unverschuldet sind, zu helfen. Es kann Notzeiten geben, wie sie im Zusammenhang mit Kriegen oder Naturkatastrophen auftreten, die den Staat geradezu verpflichten, dem Einzelnen selbsttätig zu helfen. Die Hilfe des Staates macht in diesem Fall die Eigeninitiative zur Eigenvorsorge des Einzelnen erst wieder möglich. Der Grundsatz der Subsidiarität verlangt dann ein Handeln des Staates im Dienste des Einzelnen. Dies muß beachtet werden, denn die Warnung vor den pointisiert gezeichneten Entwicklungsmöglichkeiten des Staates und der Gesellschaft gilt nur für Normalzeiten und nicht für Zeiten der Not, in der es dem Staat geradezu geboten ist, im Dienste des Einzelnen vorübergehend eine reglementierende Tätigkeit zu entfalten.

Im Dienste der Personwürde des Einzelnen ist somit dem *sozialen Rechtsstaat,* in Ablehnung der Formen des totalen Staates wie des liberalen Rechtsstaates, ein *Weg der Mitte vorgezeichnet.* Der soziale Rechtsstaat ersetzt nicht den Einzelnen, sondern bedarf des Einzelnen, der ihn allein verwirklichen kann, nämlich „auf der Grundlage des in erster Linie freiwilligen sozialverpflichteten Gebrauchs der Freiheit"[55]. Nach Nipperdey besteht ja die Aufgabe des sozialen Rechtsstaates darin, „den Einzelnen auf freiwilliger Basis an die Gemeinschaft heranzuführen, indem er diejenigen Einrichtungen, die wir bereits als ,selbstverständlich' zum sozialen Bestande und zur sozialen Struktur des modernen Staates gehörig empfinden, schützt und ihre Weiterentwicklung auf der Grundlage freiwilligen sozialverpflichteten Freiheitsgebrauches und des Selbstverwaltungsgedankens fördert. So gesehen, erhält der soziale Rechtsstaat einen ganz konkreten Inhalt und bleibt nicht der ,substanzlose Blankettbegriff', den manche in ihm sehen wollen. Er verbietet sowohl eine totalstaatliche Planung des Wirtschaftslebens, als auch ein ungehemmtes, von jeder sozialen Bindung freies Sichausleben der Individuen auf Kosten der Freiheit anderer. Damit zeigt sich zugleich, daß auch der soziale Rechtsstaat geradezu als eine Sicherung des Rechtsstaates, soweit es sich um individuelle Grundrechte handelt, angesehen werden muß"[56].

Die Betrachtung der Europäischen Sozialcharta zeigt deutlich, wie schwer es ist, die Begriffe unseres traditionellen Rechts- und Staatsdenkens auf das soziale Leben unserer Zeit anzuwenden. Der Gesetzgeber versucht mit Rechtsbegriffen, die durch eine Praxis von Jahrzehnten und oft auch Jahrhunderten geprägt worden sind, Herr der mannigfachen Probleme des Sozial- und Wirtschaftsgeschehens der Ge-

---

[55] Alfred *Hueck* — Hans Carl *Nipperdey,* Lehrbuch des Arbeitsrechts, 7. Auflage II/1, Berlin und Frankfurt 1967, S. 43.

[56] *Hueck - Niperdey,* a.a.O.

genwart zu werden. Manchmal ermöglichen die Sachbestände dieses Geschehens die Einordnung in die Begriffswelt des Rechtsdenkens, manchmal aber auch nicht. Oft treten Mißverständnisse, Verzerrungen, aber auch Krisensituationen in der Gesellschaft dann auf, wenn die Sozialsituation eines Staates nicht rechtzeitig entsprechend erfaßt und durch nötigenfalls neue Rechtsinstitute, welche das Rechtsdenken zeit- und ortorientiert schafft, geregelt wird. Die Europäische Sozialcharta mit ihren, für unser traditionelles Rechtsdenken neu scheinenden Grundrechten, hat uns eine solch entscheidende Situation in der Gestaltung der Gesellschaft der Gegenwart erkennen lassen.

VI. Sozialordnung und Staatszweck

Diese Betrachtungen haben deutlich gemacht, daß die Europäische Sozialcharta weniger einem Typ von neuen Grundrechten gleich den klassischen Grundrechten Eingang in die Verfassungen der sie unterzeichnenden und ratifizierenden Staaten verschaffen will, sondern sich vielmehr als Sozialgestaltungsauftrag an den einzelnen Gesetzgeber erweist.

Die Frage nach Grundrechten und Sozialordnung, die durch Kodifikation sozialer Grundrechte in der Europäischen Sozialcharta besonders deutlich geworden ist, hat in den verschiedenen Aspekten ihrer Beantwortung gezeigt, daß ihr letztlich das Problem zugrunde liegt, in welchem Maße dem Staat durch die Verfassung die Erfüllung von Zwecken vorgeschrieben werden kann, die über die Erfüllung des Primärzweckes, nämlich des Recht- und Machtzweckes hinausgehen und dem Staat den Verfassungsauftrag erteilt, neben einem Unterlassen, das eine staatsfreie Sphäre gewährt, ein bestimmtes Tun zu setzen, welches ihm verfassungsrechtlich die Erfüllung des Kultur- und Wohlfahrtszweckes nicht nur ermöglicht, sondern sogar vorschreibt.

Die *Frage nach Leistungen des Staates im Dienste des Kultur- und Wohlfahrtszweckes* stellt keine Überraschung dar. Ist es doch in den letzten Jahrzehnten in den Rechtsordnungen der verschiedensten Staaten feststellbar, daß sie sich nicht allein um die Aufrechterhaltung von Ruhe, Ordnung und Sicherheit kümmern, sondern auch im Dienste der Daseinsvorsorge[1] des Einzelnen stehen. Dies zeigt sich deutlich in der Entwicklung der Rechtsordnung. Stand früher das Polizeirecht im Mittelpunkt, ist es heute das Wirtschaftsverwaltungsrecht, das Kulturrecht, das Arbeitsrecht und das Sozialversicherungsrecht. Der Staat ist nicht allein angewiesen, den Frieden nach außen und innen zu sichern und dem Einzelnen Freiheit zur vollen Entfaltung seiner Persönlichkeit zu gewähren; er wird auch veranlaßt, diese gewährte Freiheit einer entsprechenden Nutzung durch den Einzelnen zuzuführen. Der Staat bemüht sich, dem Einzelnen auf gesetzlich geregelten Wegen die Teilnahme am Kultur-, Wirtschafts- und Sozialleben zu eröffnen. Es sei an

---

[1] So erstmals Ernst *Forsthoff*, Verwaltung als Leistungsträger, Stuttgart und Berlin 1938 und *derselbe*, Rechtsfragen der leistenden Verwaltung, Stuttgart 1959; beachte auch Peter *Badura*, Die Daseinsvorsorge als Verwaltungszweck der Leistungsverwaltung, Die öffentliche Verwaltung 1966, S. 624 ff.

die Führung des staatlichen Schulwesens, an die Studienförderung, an
die Erwachsenenbildung — auch im Sinne einer Berufsfortbildung —
ebenso erinnert, wie an die staatlichen Maßnahmen zur Kranken-, Inva-
liden-, Alters- und Hinterbliebenenfürsorge und zur Preis- und Lohn-
bildung. Auf diese Weise wird der Staat in einem wachsenden Maße
für den Einzelnen sozial verantwortlich. Die Folgen der Erweiterung
der Staatsaufgaben sind mannigfach und heute schon in allen Funktionen des Staates deutlich.

In dieser Entwicklung kommt der *Gesetzgebung* große Bedeutung zu,
denn die von ihr beschlossenen, generell abstrakten Normen haben nach
dem Rechtsstaatsgebot Grundlage und Bedingung für die gesamte Vollziehung zu bilden. Da die Vollziehung im Dienste der Daseinsvorsorge
regulierend und korrigierend in das Sozial- und Wirtschaftsgeschehen
eingreift, muß ihr in einem demokratischen Rechtsstaat der Gesetzgeber
dazu entsprechende Ermächtigungen erteilen. Dies verlangt von ihm
politische Entscheidungen, die in einem bisher nicht gekannten Maße
mit der Anerkennung oder Ablehnung von gesellschaftspolitischen
Systemen verbunden ist. Oft findet diese Auseinandersetzung mit gesellschaftspolitischen Anliegen dadurch ein Ergebnis, daß Koalitions-
parteien Kompromisse zwischen ihren Ideologien schließen. Dies ist
etwa bei Verstaatlichung der Grundindustrie bei gleichzeitiger Anerkennung der Unverletzlichkeit des Privateigentums der Fall. In all diesen Fällen ist eine Ideologisierung der Gesetzgebung zu erkennen, die
deshalb nicht positiv zu beurteilen ist, weil sie den Staat, der früher die
Funktion eines arbiters erfüllte, der in Streitfällen selbst Entscheidungen fällte und diese beendete, nun selbst an der Auseinandersetzung
beteiligt wurde, da er der Hauptverantwortliche für das Sozial- und
Wirtschaftsgeschehen geworden ist. Der Staat kontrolliert die Preis-
und Lohnentwicklung, er bestimmt das Wirtschaftswachstum mit, und
in einer Anzahl von Fällen haben wir auch erlebt, daß er sogar den
Wohnraum zuweist. Er trifft nicht nur Regelungen über die Arbeitgeber, sondern ist selbst Arbeitgeber geworden. Welche Bedeutung der
Gesetzgebung heute für das gesamte Geschehen im Staate zukommt,
wird wohl am deutlichsten bei dem jährlichen Ringen, das in jedem
Staat um das Budget erfolgt und das in dem Voranschlag seiner Ausgaben und Einnahmen die Rangordnung der Staatszwecke für das
jeweilige Rechnungsjahr bestimmt.

Das Ringen um das Zustandekommen des jährlichen Budgets, welches
ja nur den Haushalt des Staates beinhaltet, zeigt deutlich, wie sehr alle
Teilhaushalte im Staat vom Haushalt des Staates selbst abhängig geworden sind. Das betrifft zum Beispiel die Preisstützung für Agrarpro-
dukte ebenso wie die Förderung des privaten Wohnungsbaues und die
Subvention der Sozialversicherung. Immer mehr Bereiche der Gesell-

schaft und des Einzelnen geraten in eine Abhängigkeit vom Staat. Bereits 1927 hat Adolf Merkl es als „das letzte Stadium der rechtlich-staatlichen Durchdringung der Gesellschaft" bezeichnet, „wenn sich die Rechtsordnung nicht darauf beschränkt, die gesellschaftliche Tätigkeit durch einen eigenen Staatsapparat zu reglementieren und zu kontrollieren, sondern diesen Staatsapparat auch dazu benützt, gesellschaftliche Tätigkeit außer der Rechtssetzung und Rechtsvollstreckung versehen zu lassen"[2]. Treffend spricht Merkl bei dieser staatlichen Eigentätigkeit außerhalb der rechtsautoritären Funktionen schon in der Zwischenkriegszeit von „verstaatlichter Gesellschaft"[3].

Ihre *Ausführung erfährt* diese *daseinsvorsorgende Gesetzgebung in der Verwaltung*, für welche durch den Gesetzesbeschluß die Bedürfnisse der Gesellschaft zum Verwaltungszweck geworden sind. Sie hat die Wertentscheidung des Gesetzgebers unter Berücksichtigung des Einzelfalles auszuführen. Dies hat zum einen zur Folge, daß sich die Verwaltung durch ihre Beamtenschaft in einem ständigen Prozeß politischer Entscheidungen befindet, der, wie Beispiele zeigen, nicht gerade zu einer Vermehrung des Ansehens der Verwaltung und damit des Staates beiträgt. Diese Aufgaben im Dienste der Wohlfahrt kann die Verwaltung oft mit ihrer herkömmlichen Beamtenschaft allein nicht bewältigen. Wie die Gesetzgebung auf einen ständigen Kontakt mit den Interessenverbänden angewiesen ist, ist es auch die Verwaltung, der zur Gesetzesvollziehung eine Vielzahl von Beiräten und Kommissionen beigegeben sind, welche ihr helfen sollen, soweit wie möglich, sachverständig die Gesetze zur Anwendung zu bringen[4]. In diesem Bereich der Verwaltung besteht ebenso die Gefahr einer Vergesellschaftung der Verwaltung durch zunehmenden Einfluß der partikulären Interessen der Verbände, wie die Gefahr der bloßen Bürokratisierung in jenem übrigen Bereich der Verwaltung, in welchem unter ausschließlicher Eigenverantwortung die Beamtenschaft alleine tätig ist. Dazu kommt noch eine unaufhebbare Spannung dadurch, daß sich das Sozial- und Wirtschaftsgeschehen ständig in einer Weise ändert, die es dem Staat erschwert, alle Möglichkeiten, welchen er zu entsprechen hat, vorherzusehen und zu berechnen. Die Wirtschafts- und Sozialgesetzgebung eines Staates kann nur Maßnahmen auf Grund einer bereits abgeschlossenen oder vor unmittelbarem Abschluß stehenden Entwicklung beschließen.

---

[2] Adolf *Merkl*, Allgemeines Verwaltungsrecht, Wien und Berlin 1927, S. 301.

[3] *Merkl*, a.a.O.

[4] Sehr deutlich ist dies bei der Subventionsverwaltung. Beachte dazu etwa aus der Sicht der österreichischen Rechtsordnung Dieter *Bös*, Ein Beitrag zum Thema „Kammerstaat", gesetzlich geregelte Mitbestimmung bei der Wirtschaftslenkung, Berichte und Informationen 1964, Heft 953, S. 1 ff., sowie *derselbe*, Verfassungsprobleme in Wirtschaftsgesetzen II, Berichte und Informationen 1964, Heft 950, S. 9 ff. und 1965, Heft 975, S. 7 ff.

Die zukünftige Entwicklung läßt sich nur sehr schwer prognostizieren. Die Folge davon ist ein mit dem Rechtsstaatsgebot nur nicht leicht zu vereinbarender Ermessensspielraum und eine ständige Notwendigkeit von Novellierungen, die beide nicht leicht dem Bedürfnis des Rechtsschutzes des Einzelnen und dem Grundsatz der Rechtssicherheit durch den Staat zu entsprechen vermögen, obgleich auch die Verwirklichung der Idee der sozialen Gerechtigkeit gebunden bleibt „an die dem Rechtsbegriff innewohnenden Anforderungen der Sicherung von Frieden und Ordnung sowie der Rationalität und Berechenbarkeit des Rechts"[5].

Diese *Sozialgestaltungsaufgaben der Verwaltung* haben in einem weiten Maße zu einer Umgestaltung ihrer Institutionen geführt, die zu einem Großteil aus Perioden der Rechtsentwicklung stammen, welchen eine Daseinsvorsorge des Staates in diesem Umfang noch nicht bekannt war. Sehr deutlich wird dies in dem Bedeutungswandel des Staatshaushaltes, der auf Grund der ihm zuerkannten wohlfahrtsstaatlichen Funktion, obgleich er als ein Gesetz im nur formellen Sinn angesehen wird, auch dann als ausreichende gesetzliche Grundlage für die Leistungsvergabe betrachtet wird, wenn daneben keine gesetzliche Grundlage — nämlich auch im materiellen Sinn — gegeben ist[6]. Auf diese Weise wird die Verwaltung oft ohne ausreichende den Erfordernissen des auf das Gesetz im formellen und materiellen Sinn als Grundlage der Verwaltung abgestellten Rechtsstaatsgebotes tätig.

Eine solche leistende Verwaltung kann aber nur dann sachgerecht und zielführend sein, wenn sie nicht nur, wie bereits betont, von einer erlebten Vergangenheit ausgehend, die Gegenwart zu bewältigen, sondern auch die Zukunft zu erfahren und vorzubereiten vermag. Dies verlangt nach einer vermehrten planenden Tätigkeit, auf welche der Staat heute weder in Gesetzgebung noch in Verwaltung entsprechend vorbereitet ist. — Sehr deutlich wird dies, wenn es darauf ankommt, eine langfristige Budgetpolitik zu betreiben. — Wie sehr der Staat auf diese Planungsfunktionen nicht genügend vorbereitet ist, wird besonders in Bun-

[5] Peter *Badura*, Auftrag und Grenzen der Verwaltung im sozialen Rechtsstaat, Die Öffentliche Verwaltung, 21. Jg., 1968, Heft 13—14, S. 448. Siehe dazu auch grundsätzlich *derselbe*, Verwaltungsrecht im liberalen und im sozialen Rechtsstaat, Recht und Staat 328, Tübingen 1966 und Fritz *Werner*, Wandelt sich die Funktion des Rechts im sozialen Rechtsstaat?, Die moderne Demokratie und ihr Recht, Festschrift für Gerhard Leibholz, 2. Bd., Tübingen 1966, S. 153 ff.

[6] *Badura*, Auftrag und Grenzen der Verwaltung im sozialen Rechtsstaat, S. 449 führt dies für jene Fälle an, „wo die Leistungsvergabe keine unmittelbare Beeinträchtigung von Rechtsstellungen Dritter zur Folge haben kann"; siehe dazu Hans Peter *Ipsen*, Verwaltung durch Subventionen, Veröffentlichungen der Vereinigung der Deutschen Staatsrechtslehrer, Heft 25, Berlin 1967, S. 290 ff. aber auch

desstaaten deutlich, deren Kompetenzverteilung nicht immer eine Zuständigkeit des Bundes zu einer gesamtstaatlichen planenden Tätigkeit
außerhalb von Notzeiten oder im Gefolge von solchen als erforderlich
erscheinenden Maßnahmen kennt[7]. Dieser Mangel verfassungsrechtlicher Erfassung der Planungsfunktion des Staates wird um so deutlicher, je konsequenter der Staat seiner Sozialverantwortung zu entsprechen sucht und sich dabei Aufgaben stellt, welche sowohl die Gesetzgebung als auch die Verwaltung betreffen[8] und sich damit die Frage
nach der Teilung der Gewalten im Leistungsstaat ergibt.

Die Frage nach der Teilung der Gewalten wird in einem Staat mit
leistender Verwaltung deshalb besonders wichtig, weil sich in ihm die
Kennzeichen der Gewaltenteilung, welche in dem Nebeneinander von
generell abstrakten und individuell konkreten Normen liegt, immer
mehr und mehr dadurch verschieben, daß die sozialgestaltenden Maßnahmen „nicht nur individuelle Verhaltensweisen, sondern vielmehr
kollektive Wirkungen erreichen wollen. Die Lenkungsakte der Verwaltung betreffen eine durch die selbe Situation verbundene Gruppe von
Verwaltungsunterworfenen, auch wenn sie individuell adressiert sind"[9].
Die Tätigkeit der Verwaltung im Leistungsstaat wirft daher auch Fragen der individuellen Freiheit auf, die das Hauptanliegen des Rechtsstaates schon in seiner sogenannten liberalen Prägung bildeten.

Dem Schutz der Freiheit des Einzelnen dient das als generell ab-
strakte Norm der Volksvertretung beschlossene Gesetz. Hans Klecatsky
hat dieses als „die Drehscheibe des demokratischen Rechtsstaates"[10] bezeichnet. „Das grundrechtsgemäße Gesetz gewährt dem Einzelnen Freiheit, Gleichheit, Sicherheit"[11]. Diese Freiheit ist aber dann gefährdet,
wenn sich der Staat den wegweisenden Bindungen des Gesetzes dadurch
entledigt, daß er nicht allein in dem Bereich der Hoheitsverwaltung,
sondern auch als Träger von privaten Rechten tätig wird und dabei
nicht den Geboten des demokratischen Rechtsstaates entsprechend an
das Gesetz im formellen und materiellen Sinn gebunden ist. Sollte in
einem Bundesstaat diese Privatwirtschaftsverwaltung nicht unter die
Kompetenzverteilung fallen, hat es den Anschein, als könnte der Staat

---

[7] Beachte Karl *Korinek*, Planung und Verfassung, Wirtschaftspolitische
Blätter 1968, Nr. 4—5, S. 270 ff. und *derselbe*, Verfassungsgesetzliche Gedanken zu einem Energieplan, Energiewirtschaft in Österreich, Sonderpublika-
tion 1968 der Zeitschrift „Montan-Rundschau", S. 19 ff.

[8] Roman *Herzog*, Gesetzgeber und Verwaltung, Veröffentlichungen der
Vereinigung der Deutschen Staatsrechtslehrer Heft 24, Berlin 1966, S. 201 ff.
spricht von einer Gemeinschaftsaufgabe von Gesetzgeber und Verwaltung.

[9] *Badura*, a.a.O., S. 452.

[10] Hans R. *Klecatsky*, Die verfassungsrechtliche Problematik des modernen
Wirtschaftsstaates, Grazer Universitätsreden 7, Graz 1968, S. 7.

[11] *Klecatsky*, a.a.O., S. 7.

sanktionslos nicht bloß die als Hindernisse empfundenen Grundsätze des Rechtsstaates, sondern auch die seinem Handeln gesetzten Grenzen des bundesstaatlichen Wirkens umgehen[12].

Diese verfassungsrechtliche Problematik der sogenannten Privatwirtschaftsverwaltung wird immer größer und deutlicher je mehr sie, sei es durch die wachsende eigenwirtschaftliche Tätigkeit des Staates, sei es aber auch durch Vergabe von Subventionen und Aufträgen auf dem Wege der Privatwirtschaftsverwaltung, zunimmt und nicht nach den Grundsätzen der Rechtsstaatlichkeit, welche sowohl für die Hoheit- als auch für die Privatwirtschaftsverwaltung gilt[13], kontrolliert werden kann.

Es ist für die Freiheit des Einzelnen gefährlich, wenn der Staat zu immer größerer Tätigkeit im Bereich der Gesellschaft, aber auch des Einzelnen aufgerufen und veranlaßt wird, gleichzeitig aber die Bindung der Verwaltung an die Gesetze immer lockerer und lückenhafter wird[14].

Diese *verfassungsrechtliche Problematik des modernen Sozial- und Wirtschaftsstaates*, für die einzelne wichtige Beispiele angedeutet wurden, liegt darin, daß der Sozial- und Wirtschaftsstaat den Rechtsstaat nicht ablöst und ersetzt, sondern vielmehr der Sozial- und Wirtschaftsstaat auch Rechtsstaat sein soll. Wenn der sich für die Daseinsvorsorge verantwortlich fühlende Staat mit seiner Leistungsverwaltung als sozialer Rechtsstaat bezeichnet wird, so handelt es sich bei all jenen Rechtsordnungen, welchen der Begriff des Sozialstaates oder des sozialen Rechtsstaates in ihrer Verfassung nicht eignet, um einen politischen Begriff, der dadurch anschaulich wird, daß dem Begriff des Rechtsstaates eine adjektivische Beifügung gegeben wird. Diese die adjektivische Bezeichnung „sozial" rechtfertigende Zielsetzung des Staates darf aber nicht glauben lassen, daß sie eine Minderung der normativen Kraft der Verfassung rechtfertigen kann. Das Gegenteil ist der Fall. Ein neues Gebiet staatlichen Wirkens ist der Verrechtlichung aufgetragen, denn es ist bedauerlich und gefährlich, „daß die normative Kraft der Rechts-

---

[12] Siehe dazu Hans *Weiler*, Demokratie, Bundesstaat und Subventionen, Wirtschaftspolitische Blätter 1959, S. 127 ff.

[13] *Klecatsky*, a.a.O., S. 9: „Die Flucht ins Privatrecht befreit das Kollektiv nicht vom Legalitätsprinzip." Dazu beachte Martin *Usteri*, Theorie der Verwaltung in Formen des Privatrechts, Annuario di Diritto comparata e di Studi legislativi, vol. XXXVIII, fasc. 3, Roma 1964, S. 167 ff.

[14] *Klecatsky*, a.a.O., S. 7 f.: „Wenn irgendwo das Prinzip der Gesetzmäßigkeit der Verwaltung unentbehrlich ist, dann im modernen Sozialstaat. Ohne das Gesetz würde sich die Verwaltung in ziel- und planlose Einzelakte und die von dem neuen Staatstyp angestrebte allgemeine physische und psychische Wohlfahrt in die Wohlfahrt willkürlich begünstigter Bürger und in das Elend ebenso willkürlich benachteiligter Bürger auflösen."

ordnung in dem Maße schwindet, in dem sich die Staatsaufgaben vermehren"[15].

Der *Wandel der Staatsaufgaben* hat einen *Wandel der Rechtsschutzfunktion des Staates* mit sich gebracht. Dieser Wandel gefährdet aber die Freiheit des Einzelnen; geht sie doch dadurch auf Kosten der Rechtssicherheit, daß sich der Staat im Zuge seiner Aufgabenvermehrung von den Bindungen an das Gesetz, die das Rechtsstaatsgebot vorschreibt, befreit. Der Staat kann nur dann als Sozial- und Wirtschaftsstaat auch Rechtsstaat sein, wenn es gelingt, den Kultur- und Wohlfahrtszweck in einer die Freiheit des Einzelnen und die Sicherheit im Staate in gleicher Weise schützenden Form mit dem Rechts- und Machtzweck in Einklang zu bringen. Das Tun des Staates muß ebenso vorhersehbar und berechenbar sein, wie sein Unterlassen! Wo das aber nicht der Fall ist, wird das objektive Recht zum Ausdruck gesellschaftlich-kollektiver Bedarfsdispositionen[16], wobei die Gesetzgebung sich mehr und mehr zu Normsetzungen entschließt, die den Charakter des Provisorischen und Experimentellen annehmen[17].

In diesem Stadium der skizzierten Entwicklung des Rechtes im Dienste sozialer Aufgaben erhebt sich die Frage, ob ihr sowohl in der Sicherung der Freiheit des Einzelnen wie auch der Ordnung des Staates gedient sein kann, wenn dem Staat neben dem Rechts- und Machtzweck, der in den Verfassungsgrundsätzen des Rechtsstaates schon zum Ausdruck kommt, auch der Kultur- und Wohlfahrtszweck durch eine den klassischen Grundrechten analoge Aufnahme sogenannter sozialer Grundrechte als Staatszielsetzung vorgeschrieben wird. Nach diesen im Hinblick auf die Europäische Sozialcharta angestellten Betrachtungen über soziale Grundrechte ist diese Frage zu verneinen. Wie angeführte Beispiele zeigen, ist der moderne Staat erst am Wege, seine Rechtsstaatseinrichtungen, die von einer Begrenzung staatlicher Tätigkeit ausgehen, auch in den Dienst der Sozialfunktion des Staates zu stellen. Er hat dies in den letzten Jahrzehnten seiner Entwicklung zum überwie-

---

[15] Alfred *Kobzina*, Rechtsstaat, Demokratie und Freiheit, Juristische Blätter 1966, Jg. 88, Heft 23/24, S. 598.

[16] Siehe Serge *Maiwald*, Das Recht als Funktion gesellschaftlicher Prozesse, Archiv für Rechts- und Sozialphilosophie, XI. Jg., 1952/53, S. 65.

[17] *Kobzina*, a.a.O., S. 599. Beachte dazu besonders in Österreich die befristet in Geltung stehenden Bundesgesetze: Rohstofflenkungsgesetz BGBl. Nr. 106/1951 i.d.F.d. BGBl. Nr. 451/1968 bis 30. 6. 1970, Lebensmittelbewirtschaftungsgesetz BGBl. Nr. 183/1952 i.d.F.d. BGBl. Nr. 447/1968 bis 30. 6. 1970, Lastverteilungsgesetz BGBl. Nr. 207/1952 i.d.F.d. BGBl. Nr. 450/1968 bis 30. 6. 1970, Preisregelungsgesetz BGBl. Nr. 151/1957 i.d.F.d. BGBl. Nr. 445/1968 bis 30. 6. 1970, Marktordnungsgesetz 1967 BGBl. Nr. 36/1968 i.d.F.d. BGBl. Nr. 448/1968 bis 30. 6. 1970, Preistreibereigesetz BGBl. Nr. 49/1959 i.d.F.d. BGBl. Nr. 446/1968 bis 30. 6. 1970, Landwirtschaftsgesetz BGBl. Nr. 155/1960 i.d.F.d. BGBl. Nr. 449/1968 bis 31. 12. 1970.

genden Teil auf Grund einfachgesetzlicher Ermächtigung ohne konkrete
Staatszielsetzung als Verfassungsauftrag getan. Schreibt man durch die
Kodifikation sozialer Grundrechte den Kultur- und Wohlfahrtszweck
als Staatszielrichtung ausdrücklich vor, so hat man in die Verfassung,
die ja doch auf Dauer gerichtet ist, eine Wertentscheidung aufgenommen, deren Entsprechung einem zeit- und ortsorientierten Wandel
unterworfen ist, wie er sich nur sehr schwer mit der gewünschten
Stabilität einer Verfassung vereinbaren läßt. Diese Unvereinbarkeit
liegt auch darin begründet, daß die sozialen Grundrechte eine bestimmte
Entwicklung der Sozialordnung verlangen, die nicht zuletzt auf Grund
der sich ständig ändernden Wirtschaftsentwicklung nicht gleich bleibt,
sondern ständig im Flusse ist[18]. Wie immer auch die denkbare Anerkennung derartiger sozialer Grundrechte ausfallen mag, sie würde stets
auf Grund der ihnen innewohnenden Begriffe, wie zum Beispiel soziale
Sicherheit, mit Wertfragen verbunden sein, welche den Prozeß der
Ideologisierung des Rechtes auf die Verfassungsstufe heben und damit
Verfassungsrechtsätze zum Gegenstand ständiger politischer Auseinandersetzungen machen, wo doch die Verfassung die allgemein anerkannte und außer jedem Streit stehende Grundordnung des Staates
sein soll.

Diese Ideologisierung des Verfassungsrechtes würde sich bei sozialen
Grundrechten aber nicht bloß auf Rechte erstrecken, deren Inhalt verschiedene Wertungen, sondern auf Grund der wechselnden Wirtschafts-
und Sozialsituation auch nicht jederzeit gleichartige Ausführungen
eignet. Ihre Justiziabilität ist daher in dieser Form sehr in Frage
zu stellen. Wollte man sie doch einführen, würde dies dem *Richter*
Entscheidungen abverlangen, die nicht mehr in jenem ihn heute kenn-
zeichnendem Maße eine präzise Rechtsprechung auf Grund präziser
Normen erlaubt. Er würde eine andere Art Richter werden, der nicht
einen Streitfall beendet, sondern dadurch einen neuen schafft, daß er
genötigt ist, Politik zu betreiben[19]. So würde die soziale Auseinandersetzung im Einzelfall dadurch gleichsam fortgesetzt werden, daß der
Richter nicht die konkrete Norm anwendet, sondern mangels einer solchen, eine politische Entscheidung zu treffen hat. Dieser bloß sozial-

---

[18] Gerhard *Schnorr* in: Die Grundrechte mit Arbeitsrechtsbeziehung und
die Neufassung des österreichischen Grundrechtskataloges, in: Rechtswissenschaft und Sozialpolitik, Schriftenreihe hgb. von Hans *Floretta* und Rudolf
Strasser, 3. Bd., Wien 1967, S. 28: „Wenn wir nun an eine Formulierung sozialer Grundrechte gehen, so können wir dies nur ad hoc auf der Grundlage
der soziologisch vorgeformten Phänomene des Arbeitslebens unserer Zeit
tun. Jede prophetische Vorausschau einer künftigen sozialpolitischen Entwicklung wäre fruchtlose Spekulation."
[19] In diesem Sinne auch Robert *Walter*, in: Die Grundrechte mit Arbeits-
rechtbeziehung und die Neufassung des österreichischen Grundrechtskataloges, S. 12 und *Schnorr*, a.a.O., S. 28.

interpretativen Wertentscheidung würde mangels einer objektiven Norm ein subjektiver Charakter zukommen.

Dieser Behauptung mangelnder Bestimmtheit und Berechenbarkeit in der Ausführung sozialer Grundrechte mag man entgegenhalten, daß dem nicht so sein müsse, wenn man die sozialen Grundrechte in umfangreichen, weil detaillierten, sozial- und wirtschaftspolitischen Maßnahmen in Gesetzesform ausführt. Dem steht aber entgegen, daß dadurch die Eigeninitiative des Einzelnen, seiner Familie und auch der Gesellschaft mit Zunahme verfassungsrechtlich gebotener, staatlicher Hilfe immer mehr gelähmt, ja letztlich ausgeschaltet und so der Grundsatz der Subsidiarität verletzt würde. Wer etwa den Staat verpflichtet, jedem Einzelnen den Arbeitsplatz zu sichern, muß ihm auch das Recht zur Arbeitsplatzbeschaffung geben. Auf diese Weise wandelt sich in konsequenter Anwendung das Recht auf Arbeit, wie bereits gezeigt wurde, nur allzuleicht zu einer Pflicht zur Arbeit und eröffnet damit den Weg zur Zentralverwaltungswirtschaft.

Dieses eben skizzierte Beispiel konsequenter Anwendung eines sozialen Grundrechtes verdeutlicht, wie sehr die sozialen Grundrechte sich in Staaten mit totalitären und autoritären Systemen geradezu harmonisch ausführen lassen[20], hingegen in Staaten mit liberalen Grundrechten, etwa mit den Grundrechten des freien Erwerbs, des Schutzes des Eigentums, der freien Berufs- und Arbeitsplatzwahl usw. — alles Grundrechte, welche unvereinbar mit dem System der Planwirtschaft sind — zu größten Schwierigkeiten führen. Wollte man daher neben den klassischen Grundrechten in derselben Weise soziale Grundrechte in das innerstaatliche Recht aufnehmen, würde man die Sicherheit als Eigenwert neben die Freiheit stellen und so die Gefahr entstehen lassen, daß die Sicherheit zum freiheitsgefährdenden Selbstzweck wird.

Bei aller Anerkennung der *sozialgestaltenden Leistungen* des Staates darf nie vergessen werden, daß sie *nicht Selbstzweck* sind, *sondern im Dienste der Sicherung der Freiheit* erbracht werden. Sie stellen sich als Ausdruck des Bemühens dar, dem Einzelnen die kulturellen, sozialen und wirtschaftlichen Voraussetzungen zu einem Gebrauch der Freiheit zu bieten, die nicht allein einigen wenigen, sondern allen ermöglicht, die volle Entfaltung ihrer Persönlichkeit zu erfahren. In diesem Sinne ist die Idee des sozialen Rechtsstaates mit ein Ausdruck der Idee der Demokratie[21], welche die Freiheit für alle und nicht nur einige Stände und Klassen verlangt[22]. Die Entwicklungsgeschichte der Grund-

---

[20] So auch Gerhard *Leibholz*, Strukturprobleme der modernen Demokratie, 3. erweiterte Auflage, Karlsruhe 1967, S. 130.

[21] In diesem Sinne bereits *Badura*, a.a.O., S. 447.

[22] *Leibholz*, a.a.O., S. 88 erklärte sogar: „Diese sozialen Grundrechte sind keine echten Grundrechte. Ebensowenig vermag das Prinzip des sozialen Rechtsstaates echte Grundrechte zu erzeugen. Denn diese ‚Grundrechte‘ be-

rechte zeigt auch, daß die Idee sozialer Grundrechte dann besonders vertreten wurde, wenn die Idee demokratischer Freiheit wirkungsvoll um ihre Anerkennung kämpfte; zum Beispiel in der französischen Revolution und im Zuge des vordringenden Demokratismus des 19. Jahrhunderts. Auch im 20. Jahrhundert ist die Idee sozialer Grundrechte angesichts der ständigen Verletzung der Freiheit und Würde des Menschen zur Sicherung der Entfaltung der Persönlichkeit jedes Einzelnen wirkkräftig worden.

Diese *Verbundenheit der Idee der sozialen Grundrechte mit der Idee der Demokratie* gilt es zu beachten, um die Idee sozialer Grundrechte so in den Dienst der Gestaltung der Sozialordnung zu stellen, daß sie nicht zu einer Pervertierung der Freiheit, sondern zu ihrer Nutzung führt. Dazu bedarf es aber nicht der Aufnahme von eigenen Grundrechten, die als sogenannte soziale Grundrechte, neben den liberalen und demokratischen Grundrechten, dem Einzelnen einen Wohlfahrtsanspruch einräumen. Wie bereits mehrmals betont, würden derartige in das innerstaatliche Recht aufgenommene Ansprüche die liberalen Grundrechte immer mehr und mehr dadurch in Frage stellen, daß der Staat in das Staats- und Wirtschaftsgeschehen eingreifen und letztlich die grundrechtlich geschützte staatsfreie Sphäre des Einzelnen gefährden müßte. Es kommt vielmehr darauf an, daß der Staat in seiner Gesetzgebung seiner Sozialverantwortung gerecht wird, wozu es aber nicht eigener sozialer Grundrechte im innerstaatlichen Recht bedarf. Da nämlich die Idee sozialer Grundrechte ein Ausdruck der demokratischen Idee ist, können auch in einem Staate mittels der demokratischen Rechte seiner Verfassung der Anspruch auf soziale Initiativen durch die Gesellschaft geltend gemacht werden. Sowohl die demokratischen Grundrechte, wie zum Beispiel die Vereins- und Versammlungsfreiheit, das Petitionsrecht, als auch das demokratische Wahlrecht sowie das Volksbegehren bieten genügend Möglichkeiten zur Geltendmachung von Sozialansprüchen, ohne daß es dazu der Aufnahme eines neuen Typs von Grundrechten bedarf. Man übersehe auch nicht, daß die als Ausdruck der Repräsentation der organisierten Interessen der Gesellschaft dienenden Verbände — sei es als politische Parteien mehr weltanschaulich ausgerichtet oder als Interessenverbände mehr sachorientiert — genügend Möglichkeiten bieten, dem Staat gegenüber Forderungen geltend zu machen, die dem kulturellen, sozialen und wirtschaftlichen Fortschritt dienen. Der wechselnden und nicht immer leicht vorhersehbaren Wirtschafts- und Sozialsituation entsprechend, sind ja die Verbände, als

ruhen in Wirklichkeit auf dem radikal-egalitären demokratischen Prinzip." Beachte auch Friedrich *Fürstenberg*, La contribution de la politique sociale à la jouissance des droits de l'homme, in: La politique sociale et les droits de l'homme en Europe. 4 ème Colloque Européen du Conseil International de l'Action Sociale, Salzburg 30 Août à 6 Septembre 1967, S. 133 ff.

Selbsthilfe- und Selbstschutzeinrichtungen der Gesellschaft, dazu berufen, die Wünsche des Einzelnen gegenüber dem Staat geltend zu machen. Da die Vertreter der politischen Parteien in die Parlamente gewählt und in Regierungen entsendet werden, zu deren Beschlüsse die Interessenverbände Gelegenheit zur Stellungnahme haben, ist ständig die Möglichkeit zu Sozialinitiativen und Sozialaktionen geboten. In Erkenntnis der Notwendigkeit sind ja die Wahl- und Aktionsprogramme der politischen Parteien und die Rechenschaftsberichte der Interessenverbände ständig auf die sozialen Belange der Bevölkerung abgestellt. Sie repräsentieren damit die öffentlichen Interessen. Je freier eine Gesellschaft ist, desto qualifizierter hat sie die Möglichkeit zur Interessenrepräsentation und damit auch des Einflusses auf ein sozial verantwortliches Handeln des Staates. Je vielfältiger eine Gesellschaft ist, desto mannigfaltiger werden ihre öffentlichen Interessen sein. Sie sind dem Wandel der Entwicklung unterworfen und können ständig durch die Verbände dem Staat gegenüber geltend gemacht werden.

Von den öffentlichen Interessen sind aber die *Staatszwecke*[23] zu *unterscheiden.* Darunter sind jene Zwecke zu verstehen, welche durch Rechtsnormen als die zu verfolgenden Ziele des Staates angegeben sind[24]. Während sich die öffentlichen Interessen nach den Anliegen des Einzelnen und der Gesellschaft wandeln können und einmal mehr und ein andermal weniger deutlich werden, ist dies bei den Staatszwecken, die zum Inhalt einer staatlichen Norm geworden sind, nicht der Fall. Sie sind vorhersehbar und berechenbar. Da die Verfassung die höchstrangige, staatliche Norm ist, von der alle übrigen Rechtsnormen abgeleitet werden, sind die Staatszwecke Inhalt von Verfassungsrechtssätzen und dem Handeln des Staates in Ausübung seiner Gewalt in Gesetzgebung, Gerichtsbarkeit und Verwaltung, gleichsam als Staatsziele, vorgeschrieben.

Eine solche Staatszielsetzung ist etwa dann gegeben, wenn in einer Verfassung ausdrücklich vorgeschrieben ist, daß ein Staat Rechtsstaat oder Sozialstaat[25] sein soll. Nicht in allen Verfassungen sind die Staatszwecke expressis verbis vorgeschrieben. In vielen Staaten lassen sie

---

[23] Siehe Adolf *Merkl*, Staatszwecke und öffentliches Interesse, Neudruck in: Die Wiener rechtstheoretische Schule, Schriften von Hans *Kelsen*, Adolf *Merkl*, Alfred *Verdross*, hgb. von Hans *Klecatsky*, René *Marcic*, Herbert *Schambeck*, 2. Bd. Wien—Salzburg 1968, S. 1559 ff.; Hans *Peters*, Öffentliche und staatliche Aufgaben, Festschrift für Hans Carl Nipperdey, hsgb. von Rolf Dietz und Heinz Hübner, Bd. II, München u. Berlin 1965, S. 877 ff., und Herbert *Schambeck*, Die Staatszwecke der Republik Österreich, in: Die Republik Österreich — Werden und Wesen ihrer juristischen Strukturen, hgb. von Hans *Klecatsky*, Wien 1968, S. 245 ff.

[24] Vergleiche etwa Edmund *Bernatzik*, Kritische Studien über den Begriff der juristischen Person und über die juristische Persönlichkeit der Behörden, Archiv für öffentliches Recht, 1890, Bd. 5, S. 235.

[25] So z. B. Art. 20 Abs. 1 und Art. 28 Abs. 1 des Grundgesetzes der Bundesrepublik Deutschland.

sich auch aus dem gesamten Aufbau und den Grundsätzen der Verfassung erkennen. So sind etwa die Bindung der Vollziehung an die Gesetze, die Trennung der Staatsgewalten, die Herrschaft von Grundrechten und die richterliche Kontrolle der Gesetzgebung und Verwaltung besondere Kennzeichen des demokratischen Rechtsstaates, der im Dienste des Rechts- und Machtzweckes steht. Dabei darf nicht angenommen werden, daß der Rechts- und Machtzweck ein den Staat besonders qualifizierender Zweck sei, da es doch die einen Herrschaftsverband als Staat kennzeichnende und konstituierende Aufgabe ist, mit dauerndem Erfolg imstande zu sein, Ruhe, Ordnung und Sicherheit herstellen zu können. Der Rechtszweck, erklärte schon Hans Kelsen, „ist einfach nur die älteste und primitivste Form des Rechtes: das durch Gerichte angewendete Straf- und Zivilrecht, das Gerichtsrecht. Allein wenn der Staat mit fortschreitender Entwicklung sich nicht damit begnügte, Diebe und Mörder zu bestrafen, und den säumigen Schuldner auf Wunsch des Gläubigers zu exequieren, sondern die Gewerbetätigkeit seiner Bürger reguliert, für deren Erziehung und Gesundheit sorgt, kurz, Kulturzwecke verfolgt, so geschah dies und konnte dies nur in der Weise geschehen, daß generelle Rechtsnormen (Gesetze): ein Gewerberecht, ein Unterrichts- und Sanitätsrecht, kurz ein Kulturrecht statuiert wurde, und daß auf Grund dieser Rechtsnormen individuelle Rechtsakte, Entscheidungen und Verfügungen von Staatsorganen gesetzt wurden"[26]. Die Technik dieses Kultur- und Sozialrechtes ist aber grundsätzlich die gleiche wie die des alten Gerichtsrechts[27], d. h., daß der Staat auch dem Kultur- und Wohlfahrtszweck nicht anders entsprechen kann, als in der Rechtsform, womit er gleichzeitig auch dem Rechts- und Machtzweck gerecht wird. Dabei dürfen der Rechts- und Machtzweck nicht als Gegensatz, sondern als wechselweise Entsprechung gedacht und angesehen werden; denn gerade im Staat wird die Macht in den Dienst des Rechtes gestellt und dem Wollen des an die Gesetze gebundenen und letztlich der Verfassung unterworfenen Staates die Möglichkeit der Rechtsdurchsetzung in einem Prozeß der Verfassungskonkretisierung geboten. In dieser Sicht stellen sich aber nicht bloß der Rechts- und Machtzweck, sondern auch der Kultur- und Wohlfahrtszweck nicht als Paare von Gegensätzlich-

---

[26] Hans *Kelsen*, Allgemeine Staatslehre, Berlin 1925, S. 42 f.

[27] *Kelsen*, a.a.O., S. 43 und fügt hinzu: „Um den erwünschten sozialen Zustand, d. h. ein bestimmtes menschliches Verhalten zu erreichen, wird dessen kontradiktorischer Gegensatz letzten Endes unter die Sanktion eines Zwangsaktes gestellt, der ebenso wie bei dem alten Gerichtsrecht Strafe und Exekution ist. Den im gewerblichen Betrieb tätigen Arbeiter schützt der Staat dadurch, daß er den Unternehmer, der gewisse Sicherheitsvorrichtungen nicht anbringt, bestraft. Die Gesundheit seiner Bürger gegen Epidemien schützt der Staat dadurch, daß er durch seine Exekutionsorgane die von der Seuche befallenen eventuell zwangsweise isoliert ... Und wenn er nach irgendeiner Richtung positive Fürsorge entfalten will, so kann er dies nur so tun, daß er Menschen zu einer bestimmten Tätigkeit verpflichtet..."

keiten, sondern als Etappen staatlicher Zielsetzung dar, die ihren Ursprung in dem Bemühen haben, die dem Einzelnen zu seiner Persönlichkeitsentfaltung erforderliche Freiheit zu sichern. Durch das Recht hat der Staat die Freiheit nicht bloß bezweckt, sondern ist der Staat die Freiheit selbst, „weil er das Rechtsgesetz ist"[28]. Setzt nun der Staat das Recht auch im Dienste des Kultur- und Wohlfahrtszweckes ein, so ändert sich nicht die Rechtsform — für die weiter das Gesetz vorgeschrieben ist —, sondern erweitert sich nur der Rechtsinhalt.

Diese Erweiterung der staatlichen Tätigkeit kann heute vom Staat in Übereinstimmung mit dem Rechts- und Machtzweck nur dann erfüllt werden, wenn „diese Zwecke", wie Adolf Merkl feststellt, „rechtlich vorgesehen, im besonderen im Staat mit parlamentarischen Einrichtungen formellgesetzlich ermächtigt und in einer Weise inhaltlich geregelt sind, daß der staatliche Eingriff vorhersehbar und berechenbar wird"[29]. Es kommt daher nicht darauf an, daß der Kultur- und Wohlfahrtszweck verstaatlicht, sondern vielmehr, daß er durchrechtlicht wird. Nur so kann die Freiheit erhalten bleiben.

Wie weit der Staat in der Aufnahme von Staatszwecken auf die Belange des Einzelnen und der Gesellschaft Bedacht nimmt, hängt davon ab, wie weit das öffentliche Interesse durch Rezeption von seiten des Rechtes zu einem Staatszweck wird. Dies kann dadurch erfolgen, daß die Verfassung selbst bestimmte Staatszielsetzungen, wie zum Beispiel sozialer Rechtsstaat oder sozialer Bundesstaat, angibt, oder aber auch, was in der Vielzahl der Fälle gegeben ist, daß die Gesellschaft durch ihre Vertreter ihre öffentlichen Interessen an die Organe des Staates heranträgt und diese, auf solche Weise für den Inhalt der einfachen Gesetze bestimmend, Grundlage und Ziel der staatlichen Vollziehung werden. Dieser Weg ist in Fortsetzung der Erfahrung des demokratischen Rechtsstaates in vielen Staaten beschritten worden, die auf diesem Wege einfacher Gesetzgebung ohne eigene ausdrückliche Staatszielsetzung in der Verfassung der Wohlfahrt und dem sozialen Fortschritt gedient haben und so sozialer Rechtsstaat geworden sind. Die schnellere Abänderbarkeit des einfach gesetzlichen Rechtsstaates gegenüber der Verfassung gewährt der sozialen und wirtschaftlichen Entwicklung eine leichtere Anpassung, auf die es letztlich ja ankommt.

Der Hinweis, den *Grundsätzen der Europäischen Sozialcharta auf dem Wege des demokratischen Prinzips zu entsprechen*, kann als *ein von ihr selbst vorausgesetzter Weg* angesehen werden. Sollte doch die Europäische Sozialcharta die sozialpolitische Ergänzung der Euro-

---

[28] *Kelsen*, a.a.O., S. 44.

[29] Adolf *Merkl*, Reine Rechtslehre und Moralordnung, Österreichische Zeitschrift für öffentliches Recht, N. F. Bd. XI, 1961, S. 303.

päischen Konvention zum Schutze der Menschenrechte und Grundfreiheiten darstellen und ihr „gemeinsames Erbe", nämlich der Freiheit
und Würde des Einzelnen, wahren. Diesem gemeinsamen Erbe wird
aber nicht dadurch entsprochen, daß der Staat dem Einzelnen die Daseinsvorsorge zur Gänze abnimmt und ihn so immer mehr von sich dadurch abhängig macht[30], daß dem Staat schon in der Verfassung die
Sozialentwicklung, gleichsam vorausblickend, zur Gestaltung aufgetragen wird, sondern es wird die im Dienste der Freiheit und Würde des
Einzelnen — dem Wirkgrund aller Grundrechte — stehende Subsidiarität dadurch gewahrt, daß der Staat erst dann helfend tätig wird,
wenn ihn die Vertreter der organisierten Gesellschaft anrufen und die
öffentlichen Interessen, die im Parlament durch die Parteien vertreten
sind, Rechtsinhalt und so Auftrag der staatlichen Vollziehung werden.
Da das politische Geschehen in einem Staat mit demokratischer Verfassung unter steter allseitiger und verschiedener Kontrolle durch die
Gerichte, aber auch die Parteien, Interessenverbände und Presse erfolgt, kann dieser Weg demokratischer Sozialgestaltung jederzeit beschritten werden.

Die Demokratie geht in der selben Weise wie die Europäische Sozialcharta von der Werthaftigkeit des Individuums aus und ist ständig auf
die Herstellung und Aufrechterhaltung einer öffentlichen Ordnung gerichtet, die von der Sozialharmonie getragen ist. In diesem Streben
kann ein sozialorientiertes Verhältnis von Freiheit und Gleichheit[31]
dadurch wirksam hergestellt werden, daß jedem Einzelnen in gleicher
Weise der mögliche Zugang zu den kulturellen, sozialen und wirtschaftlichen Voraussetzungen erschlossen wird, und so jeder Einzelne frei
sein kann. Auf diese Weise kann auch ein Staat, dem nicht die Wahrung des Kultur- und Wohlfahrtszweckes, nämlich die Sozialstaatlichkeit, gleich dem Rechts- und Machtzweck in der Rechtsstaatlichkeit als
Staatszweck ausdrücklich in der Verfassung vorgeschrieben wurde, über
einfachgesetzlichen Auftrag den Weg zur sozialen Wohlfahrt gehen.

---

[30] Hans *Marti*, Urbild und Verfassung, eine Studie zum hintergründigen
Gehalt einer Verfassung, Bern und Stuttgart o. J., S. 123 meint: „Je intensiver
und umfassender sich der Staat um das Schicksal seiner Bürgen kümmert,
desto ausgeprägter wird in den Behörden eine Einstellung, die derjenigen
einer Vormundschaftsbehörde völlig gleicht — und damit degradiert man den
freien Bürger zum Mündel des Staates; man gibt ihm, was er für den ihm
zugebilligten Lebensstandard nötig hat, man verbietet ihm, was den Behörden als schädlich oder sonstwie nachteilig erscheinen könnte ... man gebietet
ihm, was man als nützlich erachtet".

[31] Ludwig *Fröhler*, Die staatsrechtliche Relevanz des Mittelstandes, in:
Heft 1 der Schriftenreihe des Österreichischen Institutes für Mittelstands-
politik, Linz 1968, S. 13, meint: „Diese Sozialharmonie ist im Grunde nichts
anderes als das Ergebnis der — materiell verstandenen — demokratischen
Grundpostulate von Gleichheit und Freiheit."

Dies ist zum Beispiel in Österreich der Fall, wo auf einfachgesetzlichem Wege eine „soziale Demokratie"[32] geschaffen wurde.

Diese Möglichkeit, durch nachträglich geltend gemachte öffentliche Sozialinteressen den Staat um seine Hilfe zu ersuchen, vermag den Grundsatz der Subsidiarität zu wahren, weil zum Unterschied vom Kultur- und Wohlfahrtszweck, der von vornherein in der Verfassung in der selben Weise wie der Rechts- und Machtzweck vorgeschrieben ist, der Staat nicht auf die Sozialintervention ausgerichtet ist, was bei gleichzeitiger Postulierung der Rechtsstaatsidee zu gefährlichen Spannungen mit den Einrichtungen führen kann, die, wie die liberalen Grundrechte, auf den Schutz einer staatsfreien Sphäre des Einzelnen angelegt sind. Durch die nachträgliche hilfesuchende Geltendmachung öffentlicher Sozialinteressen bleibt aber der verfassungsrechtlich geschützte Vorrang der Freiheit gewahrt, und die durch Sozialinitiativen in einfachgesetzlicher Form angestrebte Sicherheit wird in den Dienst der Freiheit gestellt, ohne mit dieser gleichrangig zum Selbstzweck zu werden. Dadurch kann der Staat einen weiten Spielraum für Sozialinitiativen eröffnen, die vom Einzelnen und der Gesellschaft ausgehen können und zu welchen er nach dem freiheitssichernden Grundsatz der Subsidiarität in Notzeiten Hilfe leistet. So kann vermieden werden, daß ein Staat mit Sozialleistungen auch zu einer verstaatlichten Gesellschaft führt. Er erlaubt nämlich die Erbringung öffentlicher Leistungen im Dienste des Kultur- und Wohlfahrtszweckes auch von privater Seite. Dieser Weg wird heute in vielen Staaten beschritten. Man denke nur an die mit vielen Eigenbeiträgen gegründeten und getragenen Sozialversicherungsinstitute.

Auf diesen *Staat, der den rechtsstaatlich gesicherten Weg sozialer Demokratie wählt, ist* die *Europäische Sozialcharta,* in Wahrung des gemeinsamen Erbes, *gerichtet.* Die Vielzahl an Bestimmungen, welche die Freiwilligkeit im Zustandekommen von Sozialbeziehungen voraussetzen[33], zeigen dies deutlich. Die in der Europäischen Sozialcharta angeführten sogenannten sozialen Grundrechte wollen daher nicht als Rechte verstanden werden, welche, neben den demokratischen und liberalen Grundrechten, dem Einzelnen zusätzlich einen verfassungsrechtlich gewährleisteten Anspruch sichern. Sie sind vielmehr Verpflichtungen, welche die Gesetzgeber der einzelnen Staaten, gleichsam zur Unterstützung der öffentlichen Sozialinteressen ihrer Gesellschaft, auf sich nehmen. Es ist daher der Europäischen Sozialcharta nicht um die Proklamierung, sondern um „die Effektuierung der in ihr enthaltenen

---

[32] Ludwig *Adamovich*, Handbuch des Österreichischen Verfassungsrechtes, 5. Auflage, bearbeitet und ergänzt von Hans *Spanner*, Wien 1957, S. 107.
[33] So etwa Art. 1, Art. 5 und Art. 6 der Europäischen Sozialcharta.

Bestimmungen"[34] zu tun. Die Staaten, die die Europäische Sozialcharta begründet haben, müssen sich schon von allem Anbeginn im
Klaren gewesen sein, daß nicht alle Staaten dieser in gleicher Weise werden entsprechen können, da sie verschiedene Rahmen der innerstaatlichen Entsprechung ihrer sogenannten Grundrechte angegeben haben.
Sie forderten daher geeignete Voraussetzungen zur Sicherung der tatsächlichen Ausübung der im Teil I. angegebenen Rechte und Grundsätze[35]. Die Vertragsparteien dieser Charta anerkennen auch als Ziel
ihrer Politik, das sie mit allen zweckmäßigen Mitteln auf staatlicher und
zwischenstaatlicher Ebene verfolgen wollen, geeignete Voraussetzungen
zur Sicherung der tatsächlichen Ausübung der folgenden Rechte und
Grundsätze zu verwirklichen[36]. Mit diesem Wollen läßt sich die
Europäische Sozialcharta in jene allseitig feststellbare Entwicklung ein-
fügen, die den demokratischen Rechtsstaat, nämlich den Gesetzesstaat,
in den Dienst des Kultur- und Wohlfahrtszweckes stellt. Aus den
Rechtsordnungen der einzelnen Staaten kann erkannt werden, daß besonders im Arbeitsrecht und Sozialversicherungsrecht durch umfangreiche Gesetzeswerke große Leistungen zur Freiheitssicherung erbracht
wurden, die auch der Rechtsprechung in der Arbeits- und Sozial-
gerichtsbarkeit konkrete Grundlagen bot, ohne daß diese den Weg vom
Gesetzes- zum Richterstaat[37] wählen mußten.

Das Problem der Ratifikation der Europäischen Sozialcharta erweist
sich in dieser Sicht nicht als eine Aufgabe zur Neukodifikation der
Grundrechte durch zusätzliche Aufnahme sogenannter sozialer Grundrechte in das innerstaatliche Recht, sondern vielmehr als Auftrag zur
Sozialverantwortung jener Staaten, welche diese Charta unterzeichnet
und ratifiziert haben[38] und sich auf diese Weise zu einem zusätzlichen

---

[34] Heinz *Krejci*, Zur Problematik verfassungsmäßig gewährleisteter, sozialer Rechte, Die Versicherungsrundschau, Heft 5/6 vom Mai/Juni 1965, S. 9.

[35] Siehe Teil I der Europäischen Sozialcharta.

[36] Beachte Teil I der Europäischen Sozialcharta.

[37] Siehe René *Marcic*, Vom Gesetzesstaat zum Richterstaat, Wien 1957, dazu
auch Hans *Klecatsky*, Der Staat von morgen, JBl. 1959, S. 14 ff. und Fritz
Werner, Das Problem des Richterstaates, Berlin 1960.

[38] Beachte *Schnorr*, a.a.O., S. 29 empfiehlt „soziale Rechte in die bewegliche
Form einfacher Gesetze zu kleiden, wobei die Europäische Sozialcharta im-
merhin gewisse Anhaltspunkte und einen konkreten Auftrag an den innerstaatlichen Gesetzgeber zur Sozialgestaltung bietet". Auch *Krejci*, a.a.O., S. 9 f.
hält die innerstaatliche Aufgabe der Neukodifizierung der Grundrechte und
die der Ratifikation eines völkerrechtlichen Vertragswerkes auseinander,
dann „ergibt sich von selbst, daß bei der Prüfung, ob die Sozial-Charta zur
Ratifikation geeignet ist, nur gefragt werden muß: ‚welche der zu überneh-
menden Bestimmungen stehen mit unserer Verfassung am ehesten in Einklang?' nicht hingegen gefragt werden darf: ‚welche Bestimmungen eignen
sich am besten dazu, als neue soziale Rechte unsere Verfassung neu zu gestalten'".

Beitrag zur Sicherung der Freiheit jedes Einzelnen entschließen. So könnten die in der Europäischen Sozialcharta angeführten Grundrechte im selben Dienste des Persönlichkeitsschutzes wie die klassischen Grundrechte stehen.

Die persönliche Freiheit hat nämlich nur dann einen Sinn, wenn der einzelne Bürger tatsächlich die Möglichkeit hat, in seinem Alltag von ihr Gebrauch zu machen. Da im Industriezeitalter der Gegenwart mit dem steten Anwachsen der Zahl unselbständig Erwerbstätiger der Weg zum Eigentumserwerb über die Arbeit führt, stehen auch die *sozialen Grundrechte im Dienste der Freiheitssicherung.* Sie sind in diesem übertragenen Sinn auch Freiheitsrechte, weshalb die Grundrechte der Europäischen Sozialcharta den klassischen Grundrechten nicht gegenüber oder gar entgegengestellt, sondern *so lange* an die Seite gestellt gehören, als *sie als Sozialgestaltungsauftrag an den Gesetzgeber dem Persönlichkeitsschutz dienen.* Man könnte heute, bei der sicht- und fühlbaren Bedeutung der Sozial- und Wirtschaftspolitik fast behaupten, daß es letztlich von der Verwirklichung des in den Grundrechten der Europäischen Sozialcharta vorgesehenen Standards abhängt, ob heute nicht nur einige wenige, sondern alle Staatsbürger von den klassischen Grundrechten Gebrauch machen können. Ob sie nun aber tatsächlich von ihnen Gebrauch machen, hängt letztlich weder von internationalen Verträgen, noch von staatlichen Gesetzen ab, sondern vom Einzelnen selbst und seinem Streben nach freier Entfaltung seiner Persönlichkeit in allen Bereichen des sozialen Lebens.

Sachregister

Printed by Libri Plureos GmbH
in Hamburg, Germany